DE LA FEMME

DANS L'ÉTAT SOCIAL,

DE SON TRAVAIL ET DE SA RÉMUNÉRATION.

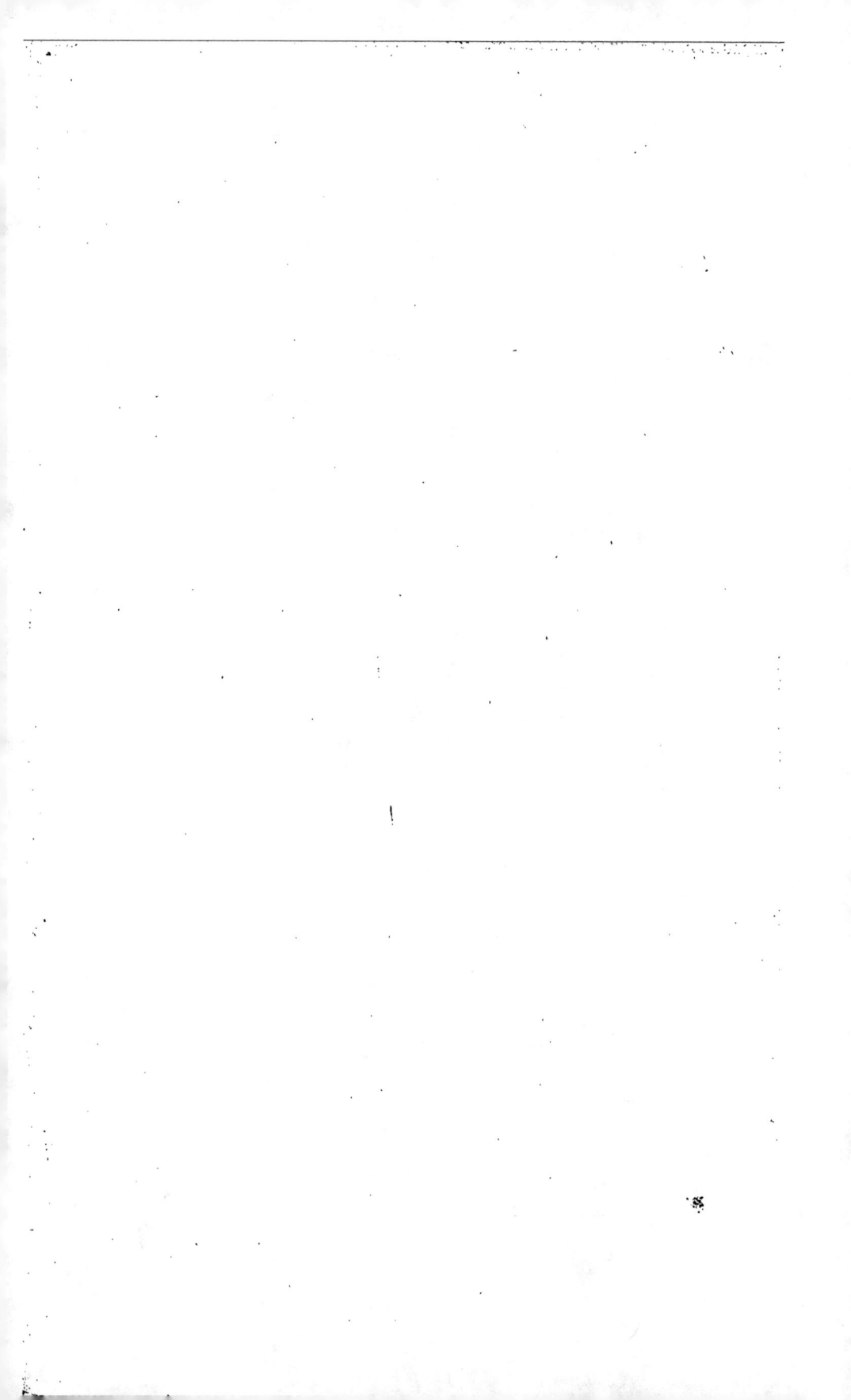

DE LA FEMME

DANS L'ÉTAT SOCIAL,

DE SON TRAVAIL ET DE SA RÉMUNÉRATION.

PAR

BOUCHER DE PERTHES.

DISCOURS

PRONONCÉ

A LA SOCIÉTÉ IMPÉRIALE D'ÉMULATION D'ABBEVILLE,

DANS LA SÉANCE DU 3 NOVEMBRE 1859.

ABBEVILLE

TYPOGRAPHIE DE P. BRIEZ.

1860.

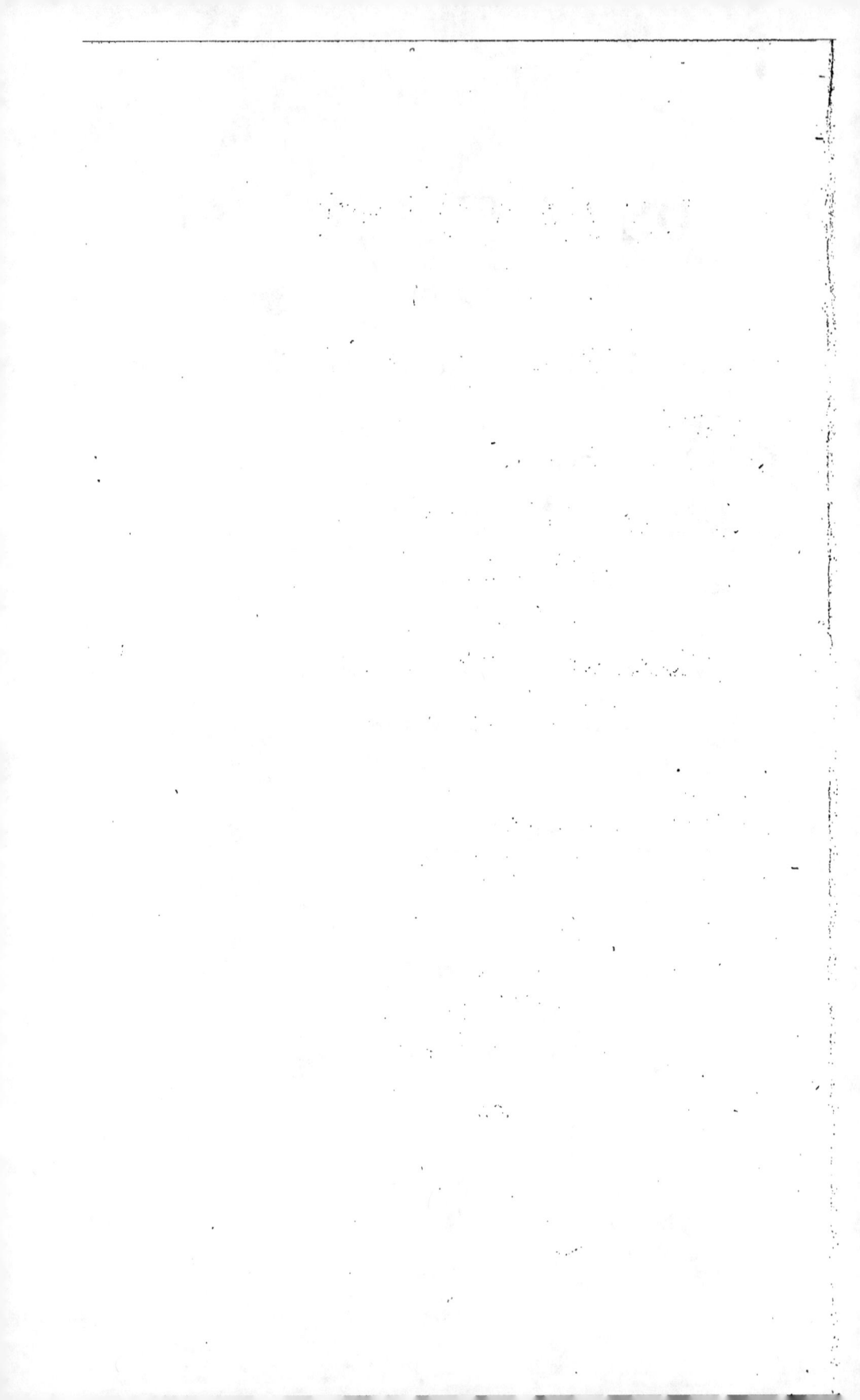

SOCIÉTÉ IMPÉRIALE D'ÉMULATION

D'ABBEVILLE.

——◇◇◇——

DE LA FEMME

DANS L'ÉTAT SOCIAL.

DE SON TRAVAIL ET DE SA RÉMUNÉRATION.

———

DISCOURS PRONONCÉ PAR LE PRÉSIDENT DE LA SOCIÉTÉ IMPÉRIALE D'ÉMULATION DANS LA SÉANCE DU 3 NOVEMBRE 1859.

———

En relisant l'histoire des nations, il nous a semblé que la place qu'y occupait la femme dans la famille, le plus ou moins d'égards qu'on lui témoignait, la somme de bien-être dont elle jouissait, enfin le rang qu'elle tenait dans l'état social, donnaient la mesure exacte de la moralité, du caractère et même du degré de civilisation de chacune de ces nations.

Ainsi généralisée, cette assertion pourra paraître hasardée; cependant, s'il y a des exceptions, elles sont rares.

Chez l'homme que nous appelons sauvage, celui qui n'est ni pasteur ni agriculteur, l'homme vivant de proie et au jour le jour, la femme est moins une compagne qu'une servante. L'époux, hors les heures du combat ou de la chasse, dort ou s'amuse. Mais pour elle, pas de repos : chargée des enfants et des travaux les plus rudes, elle ploie sous le faix et meurt à la peine ; elle n'a vécu que pour servir l'homme, satisfaire ses désirs et perpétuer sa race.

Néanmoins, on a vu des peuples bien loin encore de la civilisation, les Gaulois, les Francs, les Scandinaves, peuples presqu'aussi incultes que ceux que nous venons de citer, entourer les femmes de respect, les consulter dans toutes leurs entreprises et souvent se guider par leurs conseils.

Ces peuples étaient en voie progressive ; les autres étaient en voie rétrograde.

C'est ce que nous allons essayer de prouver en démontrant que c'est du développement physique et moral de la femme que dépend celui de la famille, et que là gît la première condition de sa durée.

Le mépris de l'homme pour sa compagne ou le délaissement de l'épouse, est-il dans la nature ? a-t-il pu exister chez l'homme primitif ? Nous ne le pensons pas ; sinon cet homme eût été au-dessous de la bête : on n'en voit point qui ne témoigne de l'affection pour sa femelle, qui ne la protége, ne la défende et souvent ne la nourrisse.

Le dédain ou l'abandon de la femme est donc chez l'homme un état anormal, et chez une nation un indice d'aberration ou de décrépitude : c'est le signe avant-coureur de sa mort. Il annonce, non pas, comme on l'a cru, comme on le croit encore, une société qui commence, mais bien une société qui finit. Cet anthropophage, rameau égaré d'un tronc qui croît ailleurs, n'est donc pas l'homme enfant, l'homme sortant des mains de la nature et qui débute dans la carrière sociale. Non: c'est l'homme qui y est entré et qui s'y est fourvoyé; c'est l'homme déchu et le dernier débris d'une civilisation éteinte. S'il y a eu des exemples contraires, ils sont l'exception.

Dans son principe, l'être humain a dû être ignorant, mais il n'a pu être stupide et moins encore corrompu, puisque son esprit et son instinct n'avaient pas été faussés. Chez lui, la barbarie n'est pas native. Je sais que par barbare on entend un être destructeur et abusant de sa force, et que ces défauts accompagnent souvent la barbarie; mais seuls, ils ne suffiront pas pour la constituer. On peut être barbare sans être fort ni cruel; tandis qu'un peuple destructeur et féroce, comme l'étaient les Carthaginois, les Romains sous la république, et plus tard les Arabes, les Espagnols et tant d'autres, ont pu être et ont été en effet très-civilisés sous bien des rapports. La barbarie, comme je la présente ici, est une sorte d'étiolement: c'est la corruption et la sottise arrivées à l'état chronique, c'est-à-dire passées dans les mœurs, les coutumes, les habitudes, et ce qui est pis, dans les lois et la religion.

C'est donc en vain qu'on chercherait sur la terre une race dégradée, une race courbée sous une superstition sanglante ou niaise, une race hors nature enfin, qui n'ait pas eu pour ancêtres un peuple meilleur.

Qu'est-ce qui a commencé cette décadence de l'homme, cette dégradation de l'esprit que doit suivre celle du corps? C'est le défaut d'équilibre entre les sexes; c'est l'oubli des devoirs réciproques tracés par la nature; c'est le délaissement de la femme et, par suite, son affaissement et sa dégénération. En perdant son rang,

elle perd sa force; devenue faible, sa faiblesse se trans-
met aux enfants.

Nous admettons donc que c'est partout l'amour ou
l'estime de l'homme pour la femme, qui commence,
maintient et étend la civilisation et la force d'un peuple.

Que c'est partout aussi le sentiment contraire, le mépris qu'on fait de l'épouse ou l'oubli de ses droits, qui
conduit à la barbarie ou à la rétroaction morale.

Appuyons ceci de quelques faits. Au commencement
de la famille ou de l'association, si l'être humain a pu,
comme aujourd'hui, se laisser entraîner à l'envie et à
la colère, s'il a frappé son frère, il n'a pas systématique-
ment été l'ennemi de son semblable; il n'a pu, comme
l'insulaire des îles Fidji et le Nouveau-Zélandais, être
cannibale. S'il en eût été ainsi, la famille humaine aurait
disparu dès la seconde génération.

Il n'a pu davantage, ayant la conscience de sa force,
rejeter sur sa femme, plus faible, des travaux qui
exigent tout l'emploi de cette force, en se réservant pour
lui-même ceux qui ne demandent que de la patience et
un demi-repos: son bon sens, ou à défaut son intérêt,
l'en eût empêché. Cet échange de rôles, contraire à la
nature ou à ce qui existe chez les autres créatures, n'a
dû s'établir chez l'homme qu'à la longue, par une suite
d'abus et de préjugés: vous ne le rencontrerez pas chez
les individus abandonnés à eux-mêmes, ou chez qui
l'exemple ou une impulsion étrangère n'a pas encore
obscurci l'entendement. Voyez les enfants, filles et garçons, se livrant ensemble à leurs jeux ou aux petits
travaux de leur âge: le simple bon sens indiquera sa
tâche à chaque sexe, et si les rôles sont intervertis,
les jeux, non plus que les travaux, ne réussiront: la

discorde se met dans les rangs, on se boude, on se sépare, et le petit groupe est dissous.

N'est-ce pas aussi ce qui se passe dans nos ménages? Dès que la femme n'y agit plus ou y sort de ses attributions, tout y languit. Avec le malaise, la brouille commence: la séparation suit.

Une nation, qu'est-ce autre chose qu'une famille? Elle naît et finit comme elle; elle prospère ou dépérit par des causes identiques. Si vous en doutez, voyez les tribus de l'Amérique septentrionale et d'une partie de l'Océanie; voyez à quel point de misère et de dégradation elles sont tombées, et demandez qui les a conduites là? — Ce pauvre être souffreteux, qui fut la femme et qui s'éteint au coin de l'âtre, vous le dira. Aussi l'heure de ces peuplades a sonné, et, comme tant d'autres et par la même raison, elles disparaîtront de la terre.

On a attribué cette diminution des races dites sauvages, notamment des aborigènes américains, des natifs de la Nouvelle-Hollande et des îles adjacentes, au contact des Européens. Sans doute ce contact y a contribué. Pourquoi? — Parce que l'Européen, lui aussi, a aidé à la déconsidération de la femme; parce que loin de la relever, il l'a abaissée en la débauchant.

Si ceci a hâté la décadence de ces populations, là n'en est pas le point de départ: le germe de mort était en elles. La réhabilitation de l'épouse pouvait seule les sauver, mais rien ne l'annonçait. Ce principe de désorganisation, cet avilissement de la femme datait de loin: d'abus, il était devenu principe; des mœurs, il était passé dans les croyances et en faisait partie: il était trop tard. Hélas! il fut un temps où l'humanité tout entière se précipitait vers ce point fatal. Ce fut le culte de la Vierge qui, en divinisant la femme, nous a peut-être sauvés de la barbarie. Ce n'est pas le moindre des services que nous a rendus le catholicisme.

Chez ces peuples, le mal était sans remède. Restés étrangers à l'Europe, leur chute eût pu être moins rapide, mais elle n'en était pas moins certaine. S'ils avaient été en croissance ou susceptibles de progrès, ils auraient gagné, au lieu de perdre, au contact de la civilisation. Mais, de même que certaines herbes qui dépérissent sous la culture, depuis trois siècles cette civilisation n'a eu sur eux aucune influence vivifiante; ils n'en ont accepté que les vices: l'ivrognerie a, comme partout, émoussé en eux l'amour de la famille et détruit la paix du logis. De jour en jour, en s'éloignant davantage de la femme, ils se sont, dans la même mesure, écartés de la vie sociale, car c'est la femme qui en est l'âme, c'est la femme qui en fait l'harmonie; c'est elle qui, la première, a attaché l'homme à son foyer, puis à sa patrie, et les lui a fait aimer. C'est donc elle qui a commencé la civilisation; c'est elle aussi qui la maintient: hors d'elle, il n'y en a pas de possible. Si les Européens avaient pu s'emparer de l'esprit des femmes indiennes et leur donner un rang, il n'y aurait plus de sauvages en Amérique.

Nous venons de signaler des peuples qui, avec les moyens de vivre, c'est-à-dire la force, l'espace et la liberté, se sont anéantis ou sont près de l'être. Nous pourrions vous en montrer d'autres qui, dépossédés et mis au ban des nations, n'en ont pas moins prospéré. En première ligne, nous mettrons le peuple juif qui, disséminé sur toute la terre, y a conservé sa nationalité; et, plus fort que l'oppression et croissant sous la hache, est aujourd'hui plus nombreux qu'il ne l'était avant son exil. A qui doit-il cette puissance vivace? — A la femme, au respect qu'il lui porte, aux soins qu'il lui donne, à la puissance qu'il lui laisse comme épouse et comme mère.

C'est au respect de la femme que le Saxon, le Franc, le Gaulois ont dû leur force et leur brillante existence.

Nous insistons donc sur cette vérité que confirment la tradition et l'expérience contemporaine : *Partout où la femme, mise en dehors du droit commun, a été considérée comme esclave ou seulement comme un être inférieur, on n'a trouvé qu'une société en décroissance, une population languissante et marchant à sa ruine.*

De ceci nous avons indiqué les causes; maintenant, il s'agit de les développer.

Reprenant la question dès son principe, nous demandons : quelle est la mission de la femme? — La continuation de l'espèce, dira le positiviste. — Bien. Mais pour continuer l'espèce, il ne suffit pas d'avoir des enfants; il faut les allaiter, les soigner, les élever. Telle est la tâche de la femme.

Celle de l'homme est de lui donner les moyens de la remplir. Il lui doit donc la nourriture et le logis.

C'est une dette que d'ordinaire il acquitte dans les familles que nous nommons riches, c'est-à-dire vivant de leurs économies ou de celles de leurs proches. Mais dans l'état présent de la société, par suite de l'agglomération des populations, les familles ainsi favorisées sont en petit nombre. Dans la plupart des ménages, il faut non seulement que l'homme travaille pour exister lui et les siens, mais encore que ceux-ci lui viennent en aide, et qu'après avoir rempli sa tâche de mère, la femme fasse ce qui peut ajouter au bien-être commun.

Nous reconnaissons donc la nécessité du travail de la femme, mais nous ne voulons pas que ce travail l'épuise ni que l'homme, se faisant une part légère et s'emparant des travaux faciles, la mette dans l'alternative de ne rien faire ou de faire ce qui excède ses facultés.

Quand, abusant de sa position, l'homme agit ainsi, il faut bien reconnaître qu'il y a déviation de la loi naturelle et qu'il doit en résulter des conséquences funestes.

Ces conséquences sont celles que nous avons présentées et qui, remarquez-le bien, ne sont pas spéciales à l'être humain : elles seraient absolument les mêmes chez tous les animaux vivant en société ou seulement en famille. Jetez les yeux sur une couvée d'oiseaux : si le mâle délaisse sa femelle, celle-ci pâtit et la couvée meurt. Cette fin sera plus prompte encore, si la négligence du mâle force la couveuse à abandonner les petits pour aller au loin chercher leur nourriture.

Que tous les mâles d'une espèce soient pris de cette maladie de paresse, qu'ils laissent les femelles seules construire les nids et pourvoir aux besoins des couvées, il est certain que si ces femelles survivent, elles souffriront et dépériront, parce que leur tâche ainsi doublée sera au-dessus de leur force. Elles résisteront quelque temps, le sentiment de la maternité les soutiendra, mais à la longue toutes y succomberont, et l'espèce aura cessé.

Vous le voyez, il suffit que l'instinct se fausse ou que le cœur se corrompe dans une catégorie de créatures pour que l'existence de la race entière soit mise en doute et même que cette race soit frappée de mort. Qui sait si une partie des espèces détruites ne l'ont pas été par des causes analogues?

Laissons les animaux. Reportons-nous sur la famille humaine, plaçons-la dans la même position. Vous êtes père : vous avez six filles ; vous en mariez trois à des ouvriers laborieux et rangés. Ils tiennent à ce que leurs femmes les aident, mais dans la mesure de leurs moyens et des convenances de leur sexe. Ils ne veulent pas les exploiter : ce n'est pas en servantes qu'ils les traitent, mais en associées à qui l'on doit, après le partage de la peine, celui du profit et une somme de bien-être égale à celle dont on jouit soi-même.

Les époux des trois autres filles suivent une marche contraire. Paresseux ou inhabiles, ils laissent l'épouse travailler pour elle et pour eux. Elle y consume ses jours et ses nuits. Mal nourrie, mal vêtue, elle est encore poursuivie par la crainte incessante de ne pouvoir suffire à l'entretien de ses enfants ; en un mot, comme la femme de l'Indien, c'est une bête de somme.

Maintenant, examinons l'intérieur des six ménages. Dans les trois premiers, nous trouvons des femmes gaies, fraîches, entourées d'une famille saine et vigoureuse. Dans les trois autres, nous les voyons tristes, moroses, décrépites avant l'âge, avec des enfants chétifs et malingres.

La suite de ceci est facile à prévoir : les trois premières familles vivront et prospéreront ; les trois autres languiront, et si la seconde génération ne s'améliore pas, elles s'éteindront à la troisième.

Au lieu de trois familles, mettez-en cent, mettez-en mille, mettez une nation entière, les conséquences seront égales.

Si cela est vrai, si un danger semblable menace le pays, quel doit y être le premier soin du gouvernant, du moraliste, du citoyen, enfin de celui qui veut la gloire et la durée de sa patrie? C'est de remédier au mal, c'est d'assurer le sort de la femme, de la soutenir quand elle tombe et surtout de ne pas aider à sa chute ; c'est de lui conserver le rang que lui donnent la nature et la raison. N'est-ce pas de son bien-être que dépend sa santé, et de sa santé que dérive celle de ses enfants? Faites au moins pour elle ce que vous faites pour vos génisses et vos brebis. Ne voyez-vous pas qu'en la frappant, ce sont vos fils que vous frappez; que de la dégradation morale naît l'affaiblissement physique, et que de cette double débilité, il ne peut sortir qu'impuissance? Jamais un peuple de crétins n'aurait fondé ni Athènes ni Rome.

Or, dans notre civilisation européenne, a-t-on bien pesé ces choses? A-t-on fait, pour la femme, tout ce qu'on devait faire? Quand on y a parlé d'elle et de sa position sociale, a-t-on embrassé la question dans son ensemble, ne s'est-on pas arrêté à la superficie? Enfin, n'y a-t-on pas vu seulement la femme de nos salons, la femme jouissant des faveurs de la fortune, et n'a-t-on pas perdu de vue qu'il y en a d'autres, et que celles qui vivent de leur travail forment l'immense majorité? C'est donc de cette majorité, ou de la femme du peuple, que nous avons à nous occuper ici ; c'est d'elle que nous vous demanderons : est-elle heureuse?

Puis, à cette première question, nous ajouterons : le travail auquel elle est soumise n'est-il pas excessif? est-il suffisamment rétribué? en trouve-t-elle tous les jours, et n'est-elle pas souvent condamnée à un chaumage forcé? Mange-t-elle à sa faim? Ne meurt-elle pas avant l'âge?

Si vous répondez : nous l'ignorons ; — je vous dirai :

ouvrez les registres de l'état civil; visitez nos fabriques; entrez dans la maison de l'artisan et voyez comme est nourrie la femme; examinez ses vêtements; qu'elle vous dise où est son linge, sa provision de bois ou de charbon, et le morceau de pain du lendemain.

Hélas! on ne pourra vous les montrer. On vous montrera encore moins un écu de réserve: elle ne l'a jamais possédé et ne le possèdera pas. Comment l'économiserait-elle? Demandez-lui à quel chiffre s'élève ce que lui apporte son mari pour vivre, elle et ses enfants.

Quand elle aura répondu, il vous restera un problème à résoudre: c'est de savoir comment cette créature si pâle, si maigre, ne l'est pas plus encore, et comment elle existe? L'anachorète dans sa solitude, le trappiste dans sa cellule, le forçat dans son cabanon, vivent comparativement en sybarites. Oui, le régime nutritif de cette femme ne vaut pas celui d'un chien de bonne maison; et condamné à ce jeûne quotidien, à ces légumes sans beurre ni graisse, à cette abstinence complète de nourriture animale, ce chien ne résisterait pas.

Et c'est la mère des enfants à naître, celle qui est chargée de peupler la patrie, que vous traitez ainsi! Je viens de vous le demander: où en serait votre troupeau, si vous le soigniez aussi mal? Vous donnez des primes aux éleveurs, vous encouragez la conservation des belles races de course et de trait, et vous n'en donnez pas aux éleveuses d'hommes, aux mères et aux nourrices! Vous tenez vos enfants pour choses moindres que vos chevaux!

Chez nous, la vie de l'ouvrière est une suite de privations. Cette vie est moins assurée que celle du nègre: l'esclave ne meurt jamais de faim, ni de froid, ni faute de remède. Il ne meurt pas non plus d'excès de travail:

on lui en donne autant qu'il peut faire, jamais plus. Son maître a trop d'intérêt à sa conservation, il le sait; et nous semblons ignorer que nous en avons un aussi à celle de la femme!

Des hommes périssent dans un combat, une révolte, une révolution : l'Europe s'en émeut, et je partage cette émotion, car la perte d'un homme est toujours un malheur public. Mais des artisanes meurent par suite d'un chômage, du renchérissement du pain ou du bois, en un mot, de faim et de froid, et personne ne s'en étonne! C'est le malheur des temps, dira-t-on; c'est la saison, c'est la maladie qui règne. Cela dit, on ne s'en occupe plus.

— Pourquoi s'en occuperait-on, répondra un économiste; que sont les ouvrières dans la balance politique et internationale? Quand nous avons la vapeur, quelle influence peuvent exercer quelques milliers de bras sur la prospérité manufacturière? L'ouvrière n'est aujourd'hui, dans l'action industrielle, qu'une superfétation, qu'un engrenage à peu près inutile. Pourquoi donc l'encourager; pourquoi augmenter son salaire, lorsque nous prévoyons l'instant où nous pourrons nous passer d'elle? Sans doute sa position est regrettable, mais c'est un malheur privé, sans influence sur l'avenir de nos fabriques qui n'en souffriront pas, leurs progrès incessants le prouvent.

— En effet, notre dernière exposition a été magnifique: nos produits manufacturiers l'emportent sur ceux de l'Europe entière; mais en ce moment, la question n'est pas là : ce sont des produits humains dont je parle. Et pour ceux-ci, où en sommes-nous? Allez le demander aux conseils de révision, et comptez les cas annuellement croissants de réforme militaire. Or, croyez-vous que la misère de la femme ne soit pas ici pour quelque chose, et dites-moi s'il y auräit autant d'enfants infirmes de naissance ou faibles de constitution, s'il y avait moins de mères pauvres et souffrantes? Si vous en doutez, je vous renverrai encore aux deux troupeaux, l'un bien nourri, l'autre affamé, et à la valeur marchande de leur progéniture.

Nous avons vu qu'au nombre des causes de la misère de la femme, il fallait mettre l'inconduite du chef de la communauté. Quelle est la position d'une mère quand son mari est un ivrogne, quand non-seulement elle ne peut compter sur lui pour soutenir sa famille, mais lorsqu'il l'accable de mauvais traitements?

On répondra que c'est un cas anormal, un fait rare. — Ici encore interrogez les magistrats, les commissaires de police, écoutez les maires: il n'est pas une ville et souvent pas une rue de ces villes, pas un bourg, pas un village où vous ne trouviez un mari de cette trempe. Je pourrais même vous citer certaines classes d'ouvriers où, sur vingt, vous en trouvez dix ou plus qui, en eau-de-vie et en tabac, dépensent la moitié de leur gain quotidien. C'est avec l'autre moitié que doivent vivre leur femme, leurs enfants et eux-mêmes. Et ceux-ci sont comparativement des gens sobres ou se disant tels, car il y en a qui ne réservent pour leur ménage que le tiers, que le quart de leur salaire, d'autres enfin qui n'y apportent rien du tout. La femme et les enfants vivent comme ils peuvent.

Mais admettons que le père de famille fait ce qu'il doit faire et que sa femme veuille lui venir en aide en gagnant aussi sa journée, ou bien supposons une jeune

fille désirant ne plus être à charge aux siens et cher-
chant à se suffire à elle-même. Cette bonne volonté, ce
désir légitime de travail trouve-t-il toujours les moyens
de se satisfaire, et la mère ou la jeune fille n'a-t-elle plus
qu'à se mettre à l'œuvre? Hélas! c'est chose pénible à
dire, ce travail d'où dépend son bien-être, son existence
même, lui est souvent refusé. Elle l'attend inutilement
pendant des jours, des semaines, des mois; et lorsqu'enfin elle l'obtient, la rémunération en est si minime
que la malheureuse, en travaillant douze heures par
jour, reçoit à peine assez pour apaiser sa faim, et n'a
pas un sou de reste pour payer son vêtement et son loyer.

Comment l'aurait-elle? Dans nos départements, le
salaire des ouvrières en fabrique, en boutique ou à la
journée, est de un franc à un franc vingt-cinq centimes
par jour; mais celles-ci sont les heureuses ou les habiles, et il en est beaucoup qui ne touchent que soixante-
quinze centimes, soixante centimes, cinquante centimes.
J'en connais même qui, travaillant chez elles, ne peuvent
gagner en douze heures que quarante centimes. Il est
bien entendu qu'on ne les nourrit, ni ne les loge, ni
ne les chauffe, ni ne les éclaire; elles ont quarante
centimes, et rien de plus.

Il en est aussi qui se louent pour la nourriture seule;
d'autres qui travaillent absolument pour rien: elles
sont censées être en apprentissage, et cela dure plusieurs années. Il en est enfin qui, en outre du travail
sans rétribution, paient pour cet apprentissage une
somme assez ronde.

Tel est, dans notre civilisation, le sort de la femme
pauvre; telle est aussi la cause de l'étiolement de la
famille. On le voit, la chose est grave.

Après cet aperçu général, nous allons examiner les diverses parties de la question, en commençant par celle du salaire ou de la balance de la rémunération avec la somme du travail.

Cet accord ou l'estimation de l'œuvre paraît d'abord une question simple et d'une solution facile : le temps a son prix, la qualité du travail l'a aussi ; il n'y a là qu'un compte à régler, comme celui du changeur qui pèse l'or et le cote à son titre. Pourquoi donc n'en est-il pas ainsi du travail ? Pourquoi n'est-il pas payé ce qu'il vaut ou à la mesure des avantages qu'il nous procure ou du bénéfice qu'il nous donne ? Pourquoi le contraire est-il même si bien en usage que personne n'y voit le motif d'un blâme, et qu'exploiter la faiblesse semble un droit acquis au plus fort ?

Tel est l'effet de l'habitude : elle émousse en nous jusqu'au sentiment du juste ; or, est-il quelque chose qui le soit moins que le calcul suivant, admis sans conteste dans nos ateliers ? Quand l'ouvrière a fait sa tâche et qu'il s'agit de la payer, nous lui disons : Votre travail est bon, il vaut tout autant que celui de votre frère l'ouvrier, il est même possible qu'il vaille mieux et qu'il me rapporte davantage ; cependant, je vous le paierai un tiers de moins, parce qu'il est un homme et que vous êtes une femme.

— Que vous importe, pourrait répondre l'ouvrière, quand le travail est ce qu'il doit être ? Ce n'est pas l'outil ou la main qui fait l'œuvre que vous payez : c'est cette œuvre même. Ne demandez pas quel en est l'auteur ; estimez-la à sa valeur, et comptez à chacun ce qui lui est dû.

Certes, quiconque n'est pas aveuglé par la routine

reconnaîtra la justesse de ce raisonnement. S'il y avait ici une préférence à accorder, ce serait à la femme : moins forte que l'homme, si elle a fait autant et aussi bien que lui, il est évident qu'elle a mis plus du sien et pris davantage sur sa vie.

Qu'avons-nous donc à faire pour que la femme reprenne, chez nous, son rang industriel ?—Être équitables.

Ce n'est pas une concession qu'on réclame ici, c'est un acte de probité; ce n'est pas une aumône, c'est une restitution. La main sur le cœur, disons : Point de concurrence au rabais ; n'exploitons pas la faim ; payons les choses ce qu'elles valent; si nous gagnons moins, nous le gagnerons en conscience.

Mais est-il bien certain que nous gagnerons moins? Je serais tenté de croire le contraire. Oublions, pour un moment, la question d'équité, ne voyons que le résultat ou le profit du fabricant. Je demanderai : obtient-il de ses ouvriers, notamment de ceux qui sont payés à la journée, la somme de travail qu'il a droit d'en attendre? Sont-ils tous également actifs et adroits? Enfin, n'est-il pas parmi eux des hommes négligents qui font le moins qu'ils peuvent et ne se préoccupent guère de la qualité; et néanmoins que l'on conserve par habitude ou par pitié? Or, si le salaire de ces hommes était calculé sur ce qu'ils font, il est évident qu'il n'excèderait pas celui de la femme; peut-être même lui serait-il inférieur. L'émulation, ici, ne pourrait-elle pas faire naître le zèle, et ces ouvriers insouciants, sourds aux reproches, le seraient-ils à la concurrence de l'autre sexe? Et si vous activiez encore cette émulation de bien faire, si, en outre du prix convenu de la journée, égal pour tous, il y avait une prime accordée à la bonne qualité de l'œuvre, pensez-vous qu'il y aurait perte pour le maître? C'est une expérience à faire.

Il est un dicton que nous tenons de nos pères et qui, tout vulgaire qu'il est, a pourtant sa vérité: c'est *qu'entre l'arbre et l'écorce, il ne faut pas mettre le doigt.* Ceci peut, jusqu'à certain point, s'appliquer aux rapports de maître à ouvrier; aussi ce n'est pas sans hésiter que j'aborde cette question de salaire. Je me suis demandé si le gouvernement avait ici le droit d'intervenir? Mais en considérant que c'est surtout au faible qu'il doit son appui; que toute industrie honnête mérite protection; que le temps est le capital du pauvre et le père de l'industrie; que celui qu'on donne à l'œuvre est la condition essentielle de sa qualité, de son fini et de son prix; que ce temps ainsi employé est une avance que fait l'ouvrier à celui qui l'emploie; que toute avance doit être intégralement remboursée, nous avons dit: quand elle ne l'est pas, quand le prix de la main-d'œuvre n'est pas en rapport avec la valeur de l'œuvre et du bénéfice qu'elle procure à celui qui en profite, lorsqu'une des parties est lésée, quand enfin il y a abus, oui, le gouvernement a le droit d'intervenir.

On pourra me demander ce que j'entends ici par abus, à quel chiffre il commence, à quel chiffre il finit? — La réponse est facile: il y a abus quand nous payons deux francs le labeur qui aura accru de huit ou dix francs la valeur de la matière première. Nul doute que le maître, ses avances couvertes, ne doive trouver un bénéfice, juste rétribution de ses soins, de l'emploi de ses capitaux et des risques qu'il court; mais ici les avantages sont réciproques; l'ouvrier, lui aussi, a droit

2

à quelque chose de plus qu'à sa mise. Dès-lors le bénéfice du maître doit être calculé de façon que l'ouvrier ait le sien, et qu'il puisse vivre à l'aise quand le maître vit avec luxe.

Que demandé-je donc? — Que les transactions d'ouvrier à maître soient équitables, que le travail ne soit pas avili par la dépréciation calculée de la main-d'œuvre, par le monopole ou toute autre manœuvre illégale, de quelque part qu'elle vienne; car, il faut bien le reconnaître, la rivalité des ouvriers, leur défaut d'entente, leurs réclamations intempestives, leurs coalitions, leurs chômages, leur paresse ou le peu d'exactitude et d'attention qu'ils apportent à leur travail, en causant des pertes aux maîtres, en mettant même leur fortune en péril, ont souvent empêché ceux-ci de faire tout le bien qu'ils auraient voulu.

Nous sommes loin de souhaiter de nouvelles entraves à l'industrie, elle en a déjà assez; mais nous n'hésitons pas à dire que la question des salaires, qui touche de si près à l'ordre public et d'où dépendent le bien-être et la vie de la classe la plus nombreuse, a besoin d'être approfondie et résolue, et qu'un règlement où les intérêts de chacun soient sauvegardés est devenu indispensable.

Dans nos armées de terre et de mer, la loi fixe la ration de chaque soldat. Elle détermine aussi la somme en argent qui doit être payée à l'employé, selon son mérite et l'importance de ses fonctions. Hors de là, la loi se tait; et tout particulier, rentier, fermier, négociant, manufacturier, a la faculté de traiter avec ceux qu'il occupe. Cette liberté a ses avantages; mais mal appliquée, on voit ce qui en résulte, car c'est par cette mauvaise application, que la faim, en France, atteint une partie des travailleurs. Il y a donc ici un défaut d'équilibre, une lacune à combler, une faute à réparer.

Mais est-elle réparable? — Oui ; car lorsqu'on sort de la règle, il y a toujours moyen d'y rentrer, et ce moyen : c'est *la volonté*. N'en doutons pas, le mal que nous signalons cessera quand nous voudrons qu'il cesse, et nous le voudrons quand nous aurons compris ces mots et toutes leurs conséquences : *le travail ne nourrit pas le travailleur*.

Or, il faut qu'il le nourrisse. Ce n'est pas seulement une question d'existence pour le pauvre, c'en est une aussi pour le riche. Que le riche y songe, que l'initiative vienne d'en haut et non d'en bas, qu'il rétablisse la balance.

S'il ne le fait pas, que le gouvernement le fasse. Et qu'on ne crie pas : *à la violence! à l'arbitraire!* car nous répondrons: il n'y a pas d'arbitraire contre la nécessité; il n'y a pas de violence à prendre mon voisin aux cheveux quand il se noie.

Je le répète donc, et puisse-t-on enfin l'entendre: il est temps d'arrêter cet avilissement du salaire; car là, non-seulement est la faim, mais l'abaissement de l'homme, dont la dégradation suit celle du prix auquel on le met. Remarquez bien que c'est toujours lorsque le pain est en hausse que l'homme est en baisse: vous payez son travail d'autant moins qu'il aura plus à payer pour ne pas mourir. Quel nom à donner à ceci, sinon *l'exploitation de la faim!*

C'est surtout aux femmes que ces mots s'appliquent. Nous avons vu que, dans nos provinces, leur salaire était tombé à un taux à peine croyable. J'en ai cité des exemples; il est facile de s'assurer de leur vérité. Sans

doute il peut existér des localités où le travail est mieux
rétribué, mais il y en a peu, et si l'on établissait le
terme moyen du prix des journées de toutes les ouvrières
de France, il atteindrait à peine soixante-quinze centimes, soit quatre francs cinquante centimes par semaine
ou dix-huit francs par mois, dont il faut encore déduire
les fêtes, les jours de maladies, les amendes ou retenues
pour les heures de retard, etc. Et c'est avec de telles
ressources que l'artisane doit se nourrir, se loger,
s'habiller, venir en aide à ses vieux parents ou à ses
enfants!

S'il est évident que cette rétribution est insuffisante,
qu'il faut que l'ouvrière meure ou qu'elle emploie pour
vivre des moyens que réprouvent la morale et l'ordre
public, en un mot, qu'elle mendie, qu'elle vole ou qu'elle
se vende, je le demanderai encore : est-ce un état de
choses sur lequel le législateur doive fermer les yeux
ou qu'il n'ait pas le droit de prévenir? Qui donc oserait
nommer tyrannique la loi qui viendrait au secours de
cette classe opprimée? Notre code, celui de l'Europe
civilisée, a prononcé l'affranchissement des nègres :
pourquoi ne proclamerait-il pas celui de l'artisane?
pourquoi ne l'affranchirait-il pas de la faim, qui ne
lui laisse de choix qu'entre la dégradation et la mort?

Encore si cette somme de dix-huit francs lui était
assurée! Mais viennent les chômages; et des jours, des
semaines, des mois se passent sans qu'elle puisse obtenir
ce travail si désiré. Dans cette position, la créature humaine n'est elle pas réellement plus malheureuse que la
brute? Libre, l'animal trouve à pourvoir à ses besoins;
dans l'état de domesticité, c'est l'homme qui s'en charge.
Quant à l'homme, l'homme l'abandonne.

Lorsque l'ouvrière est sans ouvrage, la charité, direz-vous, vient à son aide; elle vit de l'assistance publique. — Je réponds: qui fait les frais de cette assistance? — La cité, c'est-à-dire vous et moi: nous donnons à l'ouvrière ce qu'elle n'a pas gagné. Mais cette aumône, la lui faisons-nous pour rien? — Non, certes, car c'est aux dépens de sa dignité: elle était un membre utile de la communauté, nous en avons fait une mendiante. Pis encore, nous l'avons jetée en dehors des lois: notre aumône la rend justiciable des tribunaux: la loi punit comme vagabond celui ou celle qui ne justifie pas de ses moyens d'existence, elle ne tolère pas la mendicité valide.

Tout individu qui n'a ni rente ni économie est donc tenu de faire un métier, et cela doit être, car s'il ne le fait pas et s'il vit, c'est au préjudice de ceux qui le font ou qui possèdent quelque chose. Mais quand vous prescrivez à cet individu de travailler, quand vous le punissez s'il ne travaille pas, vous avez probablement pris des moyens pour que ce travail ne puisse jamais lui manquer, sinon votre loi serait absurde.

Elle le serait encore si son œuvre ne pouvait lui procurer qu'une rémunération insuffisante, car il vous fera ce raisonnement bien simple: vous m'enjoignez de travailler pour vivre, il faut donc aussi que vous obligiiez celui qui m'occupe à me donner de quoi vivre. S'il ne m'en donne que la moitié, il doit me laisser la moitié de mon temps pour que je gagne ailleurs l'autre moitié.

A ceci, nous ajouterons: un contrat dont les conséquences seraient la misère et la mort pour un des contractants, ne peut pas être légal. La première condition de toute société est de faire exister ceux qui en font partie; car un homme ne peut pas dire à un autre: *je m'associe avec vous : à moi le profit, à vous le labeur; à moi la vie, à vous la mort.* L'ouvrier doit son temps et ses bras au maître qui le paie, mais il ne lui doit pas davantage.

Remarquez bien qu'en me servant ici des termes recus de maître et d'ouvrier, je m'adresse aux choses et non aux hommes. Il serait injuste de reprocher à nos manufacturiers une situation qu'ils n'ont pas faite et qui n'est que la conséquence du temps et d'une suite d'erreurs et d'abus passés en habitude. Le mal n'est pas seulement en France, mais dans l'Europe entière. Isolément, chaque chef de fabrique, tout en sentant ce mal, tout en le déplorant, n'a nul moyen de le guérir. Il est évident que, seul, il ne peut porter le salaire de ses ouvriers au delà de certain taux, car en augmentant le prix de revient, il faudrait qu'il élevât celui de vente. Si la qualité ne gagnait pas dans la même proportion, personne n'achetant ses produits, le résultat serait sa ruine et, en définitive, celle de l'ouvrier. Le remède ne peut donc être que dans un accord général de tous les manufacturiers d'un pays, ou si cet accord est impossible, dans un règlement administratif qui, en indiquant la base des marchés entre l'ouvrier et le maître, prendrait des mesures pour que, dans aucun cas, les objets fabriqués ne puissent tomber au-dessous de leur valeur. Lorsque les céréales sont à vil prix, le fermier souffre; quand la fabrique livre à perte, l'ouvrier meurt. C'est devant cette évidence que nous demandons un code de la fabrique ou de l'industrie ouvrière. Adopté en France, il pourra l'être ailleurs, puis dans l'Europe entière, car le même mal la ronge, et son remède ou tout au moins son adoucissant serait un bienfait pour les travailleurs de toutes les nations.

Maintenant, si l'on nous demande ce qui a pu produire l'avilissement du salaire de la femme, nous répondrons: d'abord le préjugé de son infériorité. On a dit: la femme est moins forte, moins intelligente que l'homme: donc son travail doit valoir moins. Plus petite et plus faible, elle ne consomme pas autant: il faut donc la payer moins, puisque ses besoins sont moindres.

Conséquences fausses d'un raisonnement qui n'est pas juste.

Après, vient cette concurrence aveugle qui naît de la faim et de l'insuffisance du travail. Quand il y a plus d'ouvrières que d'ouvrage à faire, les dernières arrivées ne trouvant nulle part l'emploi de leur temps à des conditions équitables, le donnent à tout prix: à zéro, elles préfèrent quarante centimes et moins encore.

Croiriez-vous que ces quarante centimes sont vivement disputés, et qu'en les accordant, le maître croit faire un grand acte de charité! C'en est un en effet quand, sans profit pour lui-même, il augmente la fabrication pour contenter un plus grand nombre de ces pauvres affamées. Mais les conséquences n'en sont pas moins désastreuses, car c'est ainsi que la main-d'œuvre est progressivement tombée et qu'elle ne se relève plus. Il y a certains travaux aujourd'hui moins payés qu'ils ne l'étaient il y a cinquante ans; pour d'autres, les prix sont restés stationnaires, tandis que celui des denrées a doublé. Voyez si l'ouvrière peut vivre.

Est-ce parce qu'elle travaille peu? Non; j'en connais qui, après avoir fini leur journée, travaillent encore une partie de la nuit; elles travaillent le jour pour manger, et la nuit pour se vêtir ou payer leur loyer. Et ce ne sont pas les plus malheureuses: si nous plaignons celles qui trouvent de l'ouvrage, que dirons-nous de celles qui n'en ont pas? Le nombre en est grand.

Ici se présente une nouvelle question : pourquoi y a-t-il aujourd'hui tant de femmes sans travail?

On a dit que c'était par suite de l'emploi des machines.

Elles peuvent y contribuer, mais là n'est point la cause principale. Selon moi, le mal est ailleurs, et ce chômage forcé de la femme, ce manque de travail dont elle se plaint, vient de ce qu'il y a trop d'hommes vivant des métiers qui étaient autrefois son domaine exclusif ou que l'usage lui réservait, usage utile et qui, pendant des siècles, a prévenu l'abus que nous signalons. Cet abus est non moins funeste à l'homme qu'il détourne de son véritable emploi, qu'à la femme qu'il dépouille; car, remarquez-le bien, si la mère, l'épouse ou la fille de cet homme ne gagne rien, il faut bien qu'il gagne pour elle et pour lui, c'est-à-dire qu'il la nourrisse.

Voici encore l'un de ces contrastes inexplicables et pourtant si fréquents dans l'histoire du cœur humain. Certes, personne n'a mis en doute l'esprit guerrier de nos pères les Gaulois et les Francs, bravoure dont nous avons hérité, ce que tout le monde reconnait aussi. Dévier de son caractère d'homme a toujours, chez nous, été regardé comme une faute entachant l'individu, et ce reproche : *tu te conduis comme une femme,* est aujourd'hui encore tenu pour insulte, non par mépris pour la femme, ne vous y trompez pas, mais pour celui qui s'est mis hors d'état de la défendre. Sous la chevalerie et même à une époque beaucoup plus rapprochée, on envoyait une quenouille à l'homme qui avait refusé de prendre les armes ou qui, dans sa vie publique ou privée, affectait des habitudes et des goûts féminins. Méprisé des hommes, il était dédaigné des femmes : plus que coupable à leurs yeux, il était ridicule.

Cette répulsion contre celui qui abjurait son sexe existait surtout dans les corps de métier. Un ouvrier qui eût abandonné sa corporation et échangé son état contre une position dévolue à la femme, fût devenu l'objet de la risée générale; ses camarades lui eussent offert une jupe, et les femmes la lui eussent arrachée comme indigne de la porter. Apprenti, s'il n'avait pas l'aptitude nécessaire pour devenir maître, il restait apprenti, et jamais il ne lui venait en tête de quitter la truelle et le marteau pour prendre le rouet ou le fuseau. Le travail de l'homme était donc parfaitement distinct de celui de la femme, et la démarcation n'était jamais franchie : l'opinion veillait.

Or, il en était encore ainsi il y a quelque vingt ans. — C'était un préjugé, dira-t-on. — C'est possible; mais il n'en est pas moins vrai que ce préjugé, fondé sur la nature, eût dû être soigneusement conservé, car voyez ce qui arrive depuis qu'il n'existe plus et que les rôles étant intervertis, les hommes font aujourd'hui, le front levé, ces mêmes états qui, sous nos pères, les eussent presque déshonorés. Passe encore s'ils avaient cédé aux femmes ceux qu'ils avaient faits jusqu'alors; mais non, ils ont pris les uns sans leur céder les autres. C'est ainsi que nous avons vu les hommes devenir chemisiers, couturiers, brodeurs, blanchisseurs, faiseurs de bas, de corsets, de bonnets, en un mot, usurper le dé et l'aiguille.

Ce n'était pas assez de s'être emparé du gagne-pain de la lingère, des ciseaux de la couturière et de la tailleuse : fabricants de la toilette, ils se sont faits les arbitres de la mode: prononçant ses arrêts, ils ont rédigé ses journaux; et non contents d'exploiter son génie, ils ont envahi ses comptoirs: tous ces brillants chiffons qui font la joie et l'orgueil de nos femmes, ces châles, ces rubans, ces dentelles, ils en ont pris le monopole. Si vous en doutez, entrez dans un de ces magasins dits *de nouveautés*. Dans ces temples de l'élégance, sont-ce des jeunes filles qui vont vous offrir ces cachemires, ces rubans, ces robes, ces écharpes, ces mantilles; sont-ce des jeunes filles qui vont les draper sur les épaules de votre femme ou de votre sœur? Non, ce sont des hommes.—En conscience, est-ce là leur place? Qu'est-ce qu'un homme a là à faire? — Il s'y instruit au commerce. — Ah! si c'était vrai, je dirais: bien! on ne peut avoir trop de commerçants instruits et honnêtes. Qu'il y acquiert des habitudes d'ordre et des formes polies: j'en conviens. Mais, en définitive, qu'apprend-t-il qu'une femme ne puisse, après une semaine de pratique, faire tout aussi bien et mieux que lui? De quoi s'agit-il? d'ouvrir une boîte, un carton, de montrer à l'acheteur l'objet qu'il demande, de lui en dire le prix et le recevoir. Est-ce le métier de celui qui porte la barbe? Et pourtant, dans tous ces établissements, pour une femme vous trouverez dix hommes. Calculez combien cela fait pour la France entière. Avec les seuls commis aux nouveautés, vous pourriez former une armée capable de conquérir la Chine et de mettre en culture toute la Kabylie. Et vous manquez, dites-vous, d'emploi pour vos filles!

Cet envahissement du comptoir n'est pas ancien: cette légion de campagnards adoptant l'aune, le tablier ou le balai de la chambrière pour se sauver du travail des champs, ne remonte pas à un siècle. Qui a commencé ce mouvement?—La vanité. Les grandes dames avaient des laquais. Une marchande ambitieuse, qui n'avait qu'une servante, prit un enfant du village pour garder sa boutique; il devint grand, elle le nomma garde du magasin. La nouveauté plut; les maris eux-mêmes crurent que cela leur donnerait du relief: ainsi furent inventés les garçons marchands. Et les pauvres filles, dépossédées par ces intrus, se sont vues repoussées du comptoir, leur antique héritage.

Je vous demanderai: est-ce juste? est-ce logique? et n'est-il pas temps enfin de rendre à Dieu ce qui est à Dieu, c'est-à-dire le pain du faible usurpé par le fort?

Mais l'usurpation ne s'arrête pas là; ce n'est pas seulement de la boutique qu'ils ont expulsé l'autre sexe. Chez nos pères, le service des hôtels, des auberges, des traiteurs, était réservé pour les femmes, et il n'en allait pas plus mal. Elles sont, là aussi, remplacées par une armée de serviteurs dont toute l'œuvre est d'étendre des nappes, porter des plats, rincer des verres. Il n'est pas jusqu'à faire les chambres et les lits qui ne rentre dans leurs attributions. Bien mieux, nos coiffeuses n'ont-elles pas fait place aux coiffeurs? et c'est un élégant jeune homme, cravaté, ganté, parfumé, qui se présente pour peigner la chevelure de madame, pour friser celle de mademoiselle, lui placer un bandeau sur le front et une fleur sur la tempe.

Ainsi dépaysés et devenus soubrettes, ces hommes, s'identifiant à leur rôle, semblent changer de sexe: ils prennent quelque chose d'efféminé dans la démarche, le geste et la voix, et finissent par être incapables de toutes autres fonctions que celles de la femme qu'ils remplacent. Voilà comment ils s'étiolent moralement et

physiquement, et constituent bientôt une espèce inter-
médiaire formant, avec nos laboureurs, nos marins, nos
soldats, un contraste vraiment frappant. On croirait que
dans cette vie casanière et somnolente, bien nourris,
bien logés, ils vont nous offrir tous les dehors de la fraî-
cheur et de la santé. C'est le contraire : pâles, maigres,
souffreteux, là où la femme prospèrerait, ils languissent.
C'est qu'à l'homme il faut du jour, de l'air, du mouvement; la femme, par sa nature, convient à l'intérieur
du logis et aux occupations sédentaires.

Nous pourrions citer bien d'autres exemples de ces
anomalies de position. Peut-être même me taxerait-on
d'exagération si je faisais le dénombrement des individus
qui ont ainsi renoncé à la dignité de leur caractère et qui,
sauf la cornette et la jupe, ont pris tout ce qu'ils pouvaient
prendre de la femme, en l'imitant non-seulement dans
ses travaux, mais dans ses besoins, ses manières, ses
habitudes et jusque dans ses préjugés. Voilà pourtant où
conduit une fausse direction donnée à nos facultés, à nos
instincts : alors le corps s'énerve comme l'esprit. Ces
hommes étaient nés vigoureux et capables : servant en
hommes, ils se fussent rendus utiles à leur pays, à
leur famille et à eux-mêmes. Employés comme femmes,
après avoir végété toute leur vie, ils meurent misérables.

Si je me suis si fort étendu sur ce point, c'est pour
qu'on puisse se convaincre que ce déplacement des métiers est, de fait, tout aussi préjudiciable à un sexe qu'à
l'autre, et que si les choses rentraient dans leur état
normal, si les hommes se renfermaient dans leurs attributions naturelles, bientôt l'agriculture et la navigation,
où surtout les bras font défaut, reprendraient leur essor.
Le mouvement industriel et commercial suivrait, et les

moyens d'employer les femmes ne nous manquant plus, le bien être deviendrait général.

Malheureusement nous n'en sommes pas là. Prenant donc la question dans son actualité, nous avons établi comme principe que le travail doit être payé ce qu'il vaut, sans se préoccuper de la main d'où il sort, et nous demandions dans quelle proportion les femmes devaient être admises dans les établissements qui emploient un grand nombre d'ouvriers, proportion qui serait déterminée par un règlement administratif et même par une loi. Ceci n'est pas insolite: nous avons des prescriptions analogues. Dans les navires de l'État et ceux du commerce, on sait qu'il est obligatoire d'avoir un nombre de mousses calculé d'après celui des hommes de l'équipage. Ainsi, dans telle manufacture employant, je suppose, trois cents ouvriers, la loi établirait que, par chaque douze hommes, il y aurait au moins deux femmes et deux enfants.

Dans tel autre atelier, tous les emplois seraient réservés aux femmes, et l'homme n'y serait admis que par exception et sur un certificat de médecin constatant que, vu son âge, son état d'infirmité ou la faiblesse de sa constitution, il ne peut exercer d'autre métier.

Ceci pourrait s'étendre, jusqu'à un certain point, aux hôtels, cafés, restaurants.

En ce qui concerne ces établissements publics, on objectera qu'ils offriraient des dangers pour les jeunes filles. — Pas plus que dans les fabriques; peut-être moins. Leur conduite sera ce qu'on voudra qu'elle soit; elle dépend du maître et surtout de la maîtresse de la maison. En n'y gardant que celles qui se conduisent bien, on obligera les autres à se bien conduire. D'ailleurs, quand le personnel féminin est nombreux, il existe une sorte de responsabilité commune : si l'une fait mal, la réputation des autres en souffre; elles le savent et se surveillent mutuellement.

J'ai vu, dans quelques États du nord, le service de table et même à bord des paquebots, fait par des filles toutes jeunes, toutes jolies, et les exemples d'inconduite étaient forts rares. Pourquoi? C'est que l'inconduite n'était pas tolérée, et qu'elles avaient plus de profit à être sages qu'à ne pas l'être.

Il en serait de même des fabriques, si l'on y veillait un peu mieux, si l'on réservait un certain nombre d'ateliers pour les femmes et les enfants, si enfin on n'y mettait pour contre-maîtres ou surveillants que des pères de famille ou des hommes d'une moralité éprouvée.

Mais l'aisance deviendrait le meilleur préservatif. Il est de toute évidence que ce qui entraine au désordre la plupart des ouvrières, c'est l'insuffisance de leur salaire; c'est surtout le goût de la toilette et le désir d'éclipser leurs compagnes. Celle qui possède un vêtement un peu propre devient un objet d'envie : toutes veulent en avoir un semblable, un plus beau s'il est possible. Alors, tous moyens leur sont bons pour l'obtenir.

Dans les manufactures bien tenues, on devrait adopter une robe uniforme, vêtement d'étoffe commune mais solide, auquel on donnerait une coupe gracieuse et en rapport avec les exigences du travail. Confectionné en masse ou par adjudication, comme les costumes des cantinières dont on pourrait adopter les pantalons, plus décents, plus sains, plus faciles à tenir propres que ces jupes superposées qui exposent les femmes à tant de dangers quand elles approchent des chaudières et des machines, cet habillement coûterait peu et durerait longtemps. Il serait accordé aux bonnes ouvrières comme prime. Quant aux autres, il leur serait fourni au moyen d'une légère retenue sur leurs journées.

Obligées de le porter et peut-être heureuses de le faire, car il vaudrait toujours mieux que ces haillons qui les couvrent, ce costume deviendrait pour elles une sorte de frein. N'étant plus confondues dans la foule, elles craindraient davantage de se compromettre, et elles seraient moins tentées de se vendre pour une toilette quand elles ne pourraient s'en parer qu'en cachette et avec la crainte d'être dénoncées par des compagnes jalouses.

L'uniforme d'une ouvrière renvoyée ou démissionnaire ne serait pas une non-valeur pour elle : il deviendrait une sorte de fond de réserve. Racheté par l'établissement et payé selon son état de conservation, on en remettrait le prix à la propriétaire.

Un costume spécial ou un simple signe, un ruban, un fichu, un bonnet, pourrait également être adopté dans les grands magasins, hôtels, cafés, restaurants. Il deviendrait un des insignes de la maison, insigne que le maître, comme le serviteur, aurait intérêt à faire respecter. Devenu obligatoire ou l'une des conditions de l'emploi, il tiendrait lieu, là aussi, de loi somptuaire. Il serait une sauvegarde pour la fille sage et même une honorable distinction, parce qu'on ne pourrait plus la confondre, elle vivant honnêtement de son travail, avec la fainéante et la coureuse de rue, et le vieux proverbe : *bonne renommée vaut mieux que ceinture dorée,* redeviendrait une vérité.

Ces habits contribueraient à faire naitre parmi les

ouvrières une sorte d'esprit de corps; elles seraient plus portées à vivre ensemble et à se soutenir mutuellement. C'est le contraire qui arrive: au lieu de marcher d'accord vers le but commun, l'amélioration de leur position, elles se jalousent et s'entrenuisent. Nous prouverons tout à l'heure comment, même sans gagner davantage, elles pourraient, avec un peu d'harmonie, vivre mieux en dépensant moins.

Quant à l'application du règlement qui réserverait dans tous les grands établissements industriels un certain nombre d'emplois et de métiers pour les femmes, l'exécution en serait beaucoup plus facile. Nos chefs de manufactures, qui généralement sont des hommes éclairés et qui d'ailleurs verraient ici une garantie d'avenir, se prêteraient, je n'en doute pas, aux vues paternelles de l'administration.

Dans les maisons qui n'occupent qu'un personnel peu nombreux, les magasins, les hôtels, les restaurants, les cafés, il serait peut-être moins aisé de faire changer les habitudes prises et de décider les maîtres à employer les femmes de préférence aux hommes; cependant on y parviendrait en accordant quelques faveurs, primes ou mentions honorables, à celles de ces maisons qui se feraient remarquer par la bonne tenue et surtout la moralité et la conduite de leurs ouvrières, domestiques ou filles de boutique. Croyez-vous qu'un hôtel, qu'un restaurant, qu'un café qui serait signalé sous ce rapport par l'administration, ne serait point, par cela même, recommandé au public et ne verrait pas augmenter sa clientèle?

Ajoutez que la présence d'une femme retient toujours l'homme qui a le moindre sentiment des convenances;

il écoutera d'elle un avis, une remontrance qu'il ne tolèrera pas d'un égal : l'expérience le prouve journellement. Celle qui se respecte, non-seulement se fait respecter, mais vous amène à vous respecter vous-même. Si tous les cafés, cabarets, estaminets étaient tenus par des femmes, vous y verriez moins d'excès, moins d'actes d'ivrognerie, moins de rixes, moins d'intrigues politiques; on y fomenterait moins le trouble et la sédition : les femmes n'aiment pas les conspirations. Pour le bon ordre et la paix publique, je voudrais donc que les débits de boissons, organisés comme ceux de tabac, ne fussent dirigés que par des femmes.

Ce privilége des débits si nombreux en France, trop nombreux même, offrirait une ressource à un grand nombre de filles ou veuves d'anciens militaires, d'employés ou d'ouvriers qui se seraient distingués dans leur profession. Ainsi dotées par le gouvernement, ces femmes auraient un grand intérêt à se bien conduire, puisque leur révocation serait la conséquence de leurs désordres ou de ceux qu'elles toléreraient : elles moraliseraient le cabaret.

Les manufactures, dans une partie desquelles on peut, avec le temps, doubler le nombre des ouvrières, les débits et les établissements que nous venons de citer, offriraient déjà bien des débouchés. Il en est d'autres encore : les administrations financières, les postes, les chemins de fer réservent aux femmes certains emplois ; on pourrait, sans que le service en souffrît, en étendre la liste. Il existe, dans tous les bureaux, de ces demi-sinécures dont on ne peut se passer, et qui semblent avoir été instituées pour la femme. On souffre de voir un homme jeune et robuste demeurer huit heures par jour sans rien faire, en attendant un travail qui se bornera à résumer quelques chiffres ou à enregistrer une douzaine de mots; aussi regardez ce malheureux : on croirait voir l'ennui personnifié. Cloué à sa chaise et ne pouvant pas s'écarter d'une minute, il est pis qu'un esclave : c'est un prisonnier. Tandis qu'il bâille et se tourmente en appelant l'instant de sa délivrance, la femme broderait, tricoterait, raccommoderait le linge de son mari ou de ses enfants, et ferait enfin ce qu'elle aurait fait chez elle.

Si le gouvernement emploie des femmes aux écritures, pourquoi les négociants, les banquiers ne le feraient-ils pas? Parce qu'elles n'écrivent pas bien, répondront-ils, parce qu'elles ne savent pas calculer, parce qu'elles rédigent mal et ne mettent pas même l'orthographe. — C'est aussi ce qu'on me répondait quand j'ai conseillé d'utiliser les femmes dans les ateliers des typographes. Pourtant, si on le voulait bien, elles rendraient dans ces ateliers, comme dans les bureaux, les plus grands services. Depuis que la lecture est devenue, en Europe, un besoin de presque toutes les classes, des imprimeries se sont élevées dans les moindres villes. Là, contrairement aux autres industries, les ouvriers n'abondent pas; les maîtres imprimeurs en manquent souvent, et plus souvent encore ils se trouvent arrêtés par l'inconstance de ces ouvriers et leur turbulence. Pourquoi donc ne destinerait-on pas un certain nombre de jeunes filles à cet état? Je n'en connais pas qui leur convienne mieux, ni qui plaise davantage à celles qui l'ont essayé. L'imprimerie impériale pourrait donner l'exemple et ouvrir une classe pour former des élèves; il en sortirait, j'en suis convaincu, de bons compositeurs et même des protes

instruits. Le défaut de savoir des femmes n'est donc pas
un obstacle sérieux, puisqu'il est toujours possible d'y
remédier; et cet inconvénient n'existerait même pas, si
l'on voulait changer quelque chose au système de leur
éducation.

Il faut rendre cette justice au gouvernement, depuis
trente ans, il a fait beaucoup pour répandre l'instruction
dans les classes pauvres. Dans ce but, des sommes con-
sidérables sont annuellement dépensées, soit par l'État,
soit par les communes. Mais je dirai que la répartition
de ces sommes est par trop inégale, et que la part qu'on
accorde aux écoles de filles est trop minime.

Ce qui contribue à ce demi-abandon vient peut-être
de ce qu'on a remarqué que ces jeunes filles ne profitaient
pas toujours de ce qu'on faisait pour elles. Est-ce leur
faute, est-ce celle de la mère ou de l'institutrice? — On
peut s'en prendre à toutes les trois.

Surchargées d'élèves, peu encouragées, les institutrices
des pauvres, sauf de rares exceptions, réussissent assez
peu à procurer aux enfants une instruction passable.
La preuve, c'est que deux filles du même âge et de même
capacité, placées l'une à l'école gratuite et l'autre dans
celle où l'on paie, offriront, après quelques années, deux
sujets bien différents.

Quant aux parents, leur façon d'agir est aussi fort
inégale: lorsqu'ils paient pour l'éducation de leurs filles,
tenant à ne pas perdre leur argent, ils les obligent à
être exactes aux heures des leçons, ils s'intéressent à
leurs progrès, ils en suivent la marche. S'ils ne paient
rien, non-seulement ils ne veillent pas à cette exactitude
aux classes, mais sous le moindre prétexte ils les en
détournent, et dès qu'ils peuvent les exploiter en les

plaçant dans les fabriques ou en les occupant aux soins du ménage, ils cessent de les faire étudier ; illettrés eux-mêmes, ayant vécu sans éprouver le besoin de lire, ils y voient tout au plus un art d'agrément, ou s'ils y reconnaissent une nécessité, c'est qu'ainsi on apprend le catéchisme.

Ce point obtenu et la première communion faite, le but de l'éducation primaire est atteint selon eux. Les livres, à la grande joie des enfants, sont mis au rebut comme des outils devenus inutiles, et à quinze ans, la jeune fille, après avoir été quatre ans à l'école, ne saura pas même épeler. Quant à écrire et à compter, il n'en a jamais été question.

Telle est, nonobstant les moyens de s'instruire offerts à la fille du pauvre, sa situation morale dans les villes comme dans les campagnes. Si l'on me dit qu'elles ne sont pas toutes ainsi, je répondrai qu'il y en a quinze sur vingt. Q'en résulte-t-il? C'est qu'il est une foule d'états dont le défaut d'éducation les écarte, et que le nombre de celles qui se présentent pour faire les métiers purement mécaniques ou qui ne demandent que des bras, devient hors de proportion avec ce que ces métiers comportent d'ouvriers ou qu'en réclame la fabrique. Tandis que si elles avaient profité, comme elles auraient dû le faire, de ce qu'on leur a enseigné, le cadre des professions auxquelles elles seraient aptes s'élargissant, elles pourraient choisir celle qui serait en rapport avec leur goût et leurs moyens. Alors l'envahissement des hommes, qui sont bien souvent acceptés faute de femmes capables, aurait fait moins de progrès; l'encombrement à la porte des manufactures se serait fait moins sentir, et la concurrence au rabais n'ayant pas avili les prix, le salaire serait tombé moins bas. En un mot, s'il y a eu et s'il y a encore tant d'ouvrières qui pâtissent ou qui chôment, c'est que la plupart des filles du peuple n'ont pas acquis la capacité nécessaire pour être autre chose que tisseuses, dévideuses, bobineuses, éplucheuses; métiers qui n'en ont que le nom, puisque tout le monde peut les faire à peu près sans apprentissage.

La misère de beaucoup de femmes est donc la suite de leur ignorance; et cette ignorance vient de l'apathie des parents qui, sachant que leurs enfants doivent les aider à vivre quand eux-mêmes ne pourront plus travailler, ne se donnent aucun souci pour les rendre capables de remplir cette tâche.

Les institutrices, de leur coté, perdent souvent de vue le but de leur mission; elles oublient que, pour ces filles du pauvre, l'éducation positive ou celle qui les met à même de travailler, est une question de vie ou de mort et aussi de moralité: l'ignorance et la misère sont et seront toujours deux causes de corruption ou de dégénération morale.

Pour remédier à ceci, du moins en partie, je voudrais qu'un blâme public fût infligé aux parents qui négligent d'envoyer leurs enfants aux écoles.

Je voudrais aussi que MM. les curés fussent plus sévères dans l'examen des postulantes pour la première communion: que cet examen eût lieu à dix ans et se renouvelât de six mois en six mois jusqu'à douze, et qu'on ne reçût que celles qui sauraient véritablement quelque chose.

A l'éducation primaire des femmes, il serait utile d'ajouter une classe de dessin linéaire; cela deviendrait pour elles une sorte de récréation qui, plus tard, les faciliterait dans la pratique de l'état qu'elles auraient choisi. Les couturières, brodeuses, modistes, enlumineuses, cartonnières, fleuristes, tapissières, faiseuses d'ornements, etc., etc., ont besoin d'avoir des notions de dessin, et, dans le nombre, on verrait de temps en temps se révéler une artiste.

Quant à celles qui se destinent au comptoir, qui veulent être débitantes, factrices, filles de boutique, etc., etc., il faudrait leur enseigner la tenue des livres ; cela leur servirait toujours, ne fût-ce qu'à se rendre compte de leurs dépenses personnelles. Que de tracas cette ignorance ne cause-t-elle pas, même dans les états les plus modestes? Où en est la blanchisseuse, la cuisinière qui ne sait pas écrire sa note ou sa dépense et en faire l'addition? C'est au premier venu qu'il faut qu'elle s'adresse : souvent il n'en sait pas plus qu'elle. De là, oubli, erreur, mécompte, et la perte d'une place ou d'une pratique.

Vous voyez les conséquences de ce défaut de savoir : c'est un souci qui suivra toute sa vie la pauvre ignorante, chagrin qu'elle aurait prévenu par quelques mois d'école et de bonne volonté. C'est encore cette ignorance qui lui fermera dix voies ouvertes à d'autres, en lui ôtant ainsi autant de moyens de fortune.

Se rendre compte est toujours utile : c'est la première garantie contre la misère. C'est faute de compter que le riche se ruine et que le pauvre meurt de faim : c'est donc une des premières choses qu'on devrait enseigner aux enfants.

Pour les y habituer, on pourrait leur donner, dès qu'ils commencent à écrire, un petit registre, un carnet, en les obligeant à le tenir à jour. Les garçons n'y por-

tassent-ils que le chiffre de leurs billes et les petites filles
celui des chiffons de leurs poupées, ils y trouveraient
une instruction et, par suite, un avantage.

Combien de femmes seraient plus heureuses en ménage, si elles savaient être utiles à leurs maris? Mais
trop souvent c'est le contraire qui arrive, et beaucoup
font absolument tout ce qu'il faut pour lui être à charge,
c'est-à-dire recevoir et ne rien donner, croyant, en ceci,
n'user que d'un droit.

Il est un préjugé funeste et malheureusement trop
répandu dans la classe ouvrière : c'est que la jeune fille,
une fois mariée et devenue mère, doit être dispensée de
tout travail. Cela peut être tant que son enfant exige des
soins continus; mais cette position ne dure pas toujours,
et d'ailleurs, même pendant ce temps, il lui reste encore
quelques heures pour s'occuper, sinon d'un travail suivi,
du moins de celui qui tient à l'économie domestique, à
l'entretien de ses vêtements et de ceux de son mari, ou
si elle sait écrire, à la tenue des comptes, car il n'est
pas si chétive industrie qui n'ait les siens. Pourtant elle
ne touchera pas une aiguille, pas une plume. Vainement
elle s'ennuiera et ne vivra que de privations ; dans son
opinion, elle en est bien dédommagée : elle ne fait
rien. Quel honneur ! Oui, elle est fière de son oisiveté,
et si on la lui reproche, elle répondra: n'ai-je pas mon
ménage à tenir?

Encore si elle s'en occupait, si son mari, en revenant
de son travail, était sûr de trouver sa soupe prête.
Elle n'y a pas même songé, ou plutôt elle s'en sera
dispensé, car la paresse s'accroît de la paresse : on
commence par faire peu, puis ce peu on le fait négli-
gemment, enfin on ne fait plus rien du tout. Entrez

dans son logis, vous en aurez la preuve : l'insouciance et l'abandon y sont écrits partout.

Cette misère est la plus déplorable; c'est celle dont le pauvre n'a pas le droit de se plaindre : c'est la misère volontaire. Oui! le goût du *far-niente* finit par étouffer la honte et amortir le besoin même. On souffre du froid, de la faim, on voit souffrir ses enfants; mais on a chômé aujourd'hui, on chômera demain; c'est une consolation, car de tous les maux on a évité le pire : *le travail.*

Ainsi raisonne la femme du peuple. Ce n'est pas le carrosse du riche qu'elle envie, ce n'est ni sa table ni sa cave : c'est la liberté de dormir et de muser. C'est à cela qu'elle sacrifie le présent et l'avenir. Je connais des épouses d'artisans arrivées à la vieillesse, qui, jeunes filles, hébergées par leurs parents, puis devenues femmes, nourries, logées, habillées par leurs maris, n'ont point, dans leur vie entière, gagné de quoi acheter un pain ni apporté un écu à la communauté. — Elles ont élevé leurs enfants, dira-t-on. — Oui, malheureusement pour eux; car si elles ont des filles, elles leur inculquent les mêmes principes de paresse; et c'est ainsi que le goût de l'oisiveté se perpétue de génération en génération.

Telles sont les conséquences de l'exemple et du pré-jugé. Pour améliorer le sort de la fille du peuple, il faudrait pour ainsi dire la prendre au berceau et l'ar-racher aux déplorables influences de sa famille. Ce n'est donc pas toujours à l'insuffisance du travail et aux vices des institutions qu'il faut attribuer la misère de l'artisane : c'est à elle-même, c'est à ses parents, c'est à son mari qui n'a pas compris ce qu'était l'épouse dans l'association conjugale. Chez le pauvre, c'est presque toujours d'elle que dépend la prospérité ou la ruine de

la communauté. Cela est si vrai que l'ouvrier qui a le
bonheur de rencontrer une femme active et économe,
est à peu près sûr, si lui-même est laborieux et rangé,
de vivre à l'aise et, à la longue, de faire une petite
fortune. Ce ne sont donc pas les ménages les plus chargés
d'enfants qui sont les plus pauvres, mais bien ceux où
il existe le moins de prévoyance : ce sont ceux où,
comme dit le peuple, *on brûle la chandelle par les deux
bouts,* c'est-à-dire où chacun tire de son côté sans en
rendre compte à l'autre.

Cependant je dois déclarer, à la décharge des femmes,
que si chez elles la paresse est assez commune, l'inconduite y est bien plus rare que parmi les hommes. Les
ménages où la femme tient la bourse se reconnaissent au
premier coup-d'œil ; on y trouve un air d'aisance que
n'ont pas les autres : c'est que la femme ne joue pas, ne
boit pas, ne fume pas. Dès-lors, si son mari a le bon
sens de lui remettre son gain journalier, en n'en réservant que la moindre partie pour ses plaisirs, il s'en
trouve presque toujours bien.

L'instruction de la femme, surtout quand elle est
supérieure à celle du mari, est pour elle un grand
moyen d'influence. Alors, dans toutes les circonstances
difficiles, c'est elle qu'il consulte, qu'il met en avant,
qu'il charge de défendre ses intérêts : il compte plus sur
elle que sur lui-même. A son début dans la vie, si la
jeune fille savait cela, on la verrait plus exacte à la
classe, plus attentive à la leçon : oui, pour commander
au logis, elle se ferait savante.

Mais sa prépondérance sera plus grande encore si
cette instruction devient productive ou si, par l'exercice
d'une profession, elle appporte sa part de bien-être dans

le ménage; c'est véritablement alors qu'elle est maîtresse
de maison: l'intérêt du mari garantit la durée de son
affection. Que la jeune mariée y réfléchisse, qu'elle sache
bien que son contrat de mariage n'est pas un brevet de
loisir; que si le Code civil oblige son époux à la loger
et à la nourrir, il ne la dispense pas, elle, de l'y aider:
c'est un associé qu'elle a pris, et non un intendant.
Quand le mari travaille pour elle, à son tour elle doit
travailler pour lui et pour ses enfants. En devenant
épouse, elle n'a donc pas renoncé à sa qualité d'ouvrière; c'est au contraire alors qu'elle doit le plus y
tenir.

Au nombre des causes qui amènent l'oisiveté des filles
du peuple, il faut mettre la difficulté qu'elles éprouvent
pour apprendre un état, et bien souvent l'impossibilité
où elles sont, elles ou leur famille, de fournir aux dépenses qu'exige un apprentissage. Aussi, tout en applau-
dissant à ce qu'a fait le gouvernement pour l'instruction
primaire, je me suis toujours étonné de ce qu'on ait si
fort négligé celle des métiers, qui n'est pourtant pas
moins essentielle. Qui de nous n'a pas été frappé de
cette réponse que nous entendons si souvent? — Quel est
votre état? demandons-nous à cette femme ou à cette
jeune fille dont nous ignorons les moyens d'existence.
—Je n'en ai pas, vous répond-t-elle. — Vous avez donc
des rentes ou du bien?— Non. — Alors comment vivez-
vous?—Ici vous n'aurez qu'une réponse évasive; elle
ne vous dira pas la vérité, parce que la vérité n'est pas
toujours bonne à dire. Elle répondra: — Je fais des
ménages; je vais en journée; je vais aider à la lessive; je
vais sarcler; je balaie; je fais des commissions; je vends
des bouquets; je vends des œufs, etc. — Vous ne savez

donc rien faire? — Nouvel embarras. — Non, vous dira la plus franche. L'autre balbutiera : — Je tricote , je couds un peu, *je me demande;* ce qui signifie mendier, car il y en a qui regardent cela comme un état.

Si vous voulez prendre note de ceux ou celles qui, dans un seul arrondissement, une seule commune, vous feront ces réponses, et additionner le nombre d'individus, hommes, femmes, enfants, vivant chez nous au jour le jour, ou par des moyens qu'ils craignent d'avouer, vous serez effrayé et vous comprendrez pourquoi nos villes regorgent de mendiants, de vagabonds, de prostituées, de voleurs. Tous ont commencé de même ; tous, ou à peu près, sortent de la classe ouvrière : tous sont des enfants négligés ou délaissés par leurs parents.

Parce que ces parents les abandonnent, devons-nous les imiter ? — Non ; car par cet abandon, nous risquons de les avoir toute leur vie à notre charge, comme leurs pères l'ont été peut-être : la paresse et le goût du désordre se lèguent, et plus sûrement que l'activité et la conduite. Enfin l'administration, ici encore, n'est-elle pas en droit d'intervenir et même d'employer des mesures coërcitives? Elle punit le vagabondage : ne doit-elle pas punir ceux qui font les vagabonds, ou ces parents coupables qui, par leur négligence et faute de leur donner un état, jettent leurs enfants à ces métiers douteux qui n'en ont que l'apparence et ne sont qu'un masque pour la paresse et la fainéantise?

Reconnaissez donc que tout enfant qui a atteint l'âge de raison doit être à l'école ou en apprentissage, et qu'il ne peut vaguer dans les rues qu'aux heures de récréation et aux jours de fête. S'il vit dans l'oisiveté, comme vous en voyez tant dans nos villes et nos campagnes, ce n'est pas l'enfant que vous devez admonester, ce sont les parents.

Ils vous diront: où le mettrai-je? aucun maître n'en veut; ils demandent trop cher, je n'ai pas le moyen de payer. — A ceci, une administration prévoyante répondrait: aucun maître n'en veut; eh bien! je vais lui en donner un. Votre obligation, à vous, sera de faire qu'il en profite et qu'il soit exact aux heures de travail. Si vous ne le faites pas, vous serez annoté comme mauvais père et mauvais citoyen.

A mes yeux, tels sont le droit et le devoir de toute administration. Si la génération qui s'en va est incorrigible, s'il est trop tard pour la sauver, emparez-vous de celle qui commence, arrachez-la à l'oisiveté et au mauvais exemple. Ce n'est qu'ainsi que vous pourrez mettre une digue à la corruption prête à nous déborder, et que vous assurerez le bien-être de la génération future.

On pourra répondre: la commune et le département lui-même ne sont pas assez riches pour se charger des enfants de tous les parents négligents ou de mauvaise volonté. — Aussi ne vous demandé-je pas de les nourrir et de les habiller; si vous le faites, ce ne sera que par exception et comme récompense. Je vous dis seulement de les empêcher de se perdre par le vagabondage, et puisqu'ils doivent être ouvriers, de les mettre en mesure de le devenir en les obligeant à apprendre un état, et à cet effet de vous entendre avec les parents et les chefs des diverses industries. Toutes les villes devraient avoir un fonds spécial destiné à l'apprentissage des enfants des deux sexes, quand les parents n'auraient pas les moyens d'y subvenir.

Dans tous les grands centres de population, il me semble qu'une école des arts et métiers ne serait pas moins nécessaire qu'un collége. Nous avons, en France, tout ce qu'il faut pour former des docteurs, des artistes et des savants; mais des ouvriers capables et surtout des ouvrières, quelles sont les villes qui s'en sont occupées, et combien existe-t-il, dans nos départements, d'établissements à cette destination? Nous possédons des ouvroirs pour la couture; aussi ne manquons-nous pas de couturières. Il y en a même trop, puisqu'on ne trouve pas d'ouvrage pour toutes. N'est-il donc pas d'autres états?—Il y en a beaucoup, et qui font l'ambition de bien des jeunes filles; mais de ceux-ci l'apprentissage n'est pas gratuit, et elles sont trop pauvres pour le payer. En faisant un métier de leur goût et en rapport avec leurs moyens, elles seraient sures de vivre, elles s'enrichiraient peut-être; contraintes d'adopter celui qui leur répugne, elles le font toujours mal, et la misère s'en suit.

A ceci n'est-il donc pas de remède? — J'en connais un et même assez facile : c'est de faire pour l'industrie ce qu'on a fait pour les lettres : avoir des écoles primaires des arts et métiers, et des écoles supérieures; avoir aussi des cours publics où les parents seraient invités à conduire leurs enfants.

Serait-il indispensable d'augmenter beaucoup le nombre des maisons d'éducation existantes et conséquemment les dépenses? — Je ne le pense pas. En apprenant à lire et à écrire, ne pourrait-on pas, en même temps et dans le même local, suivre un cours théorique et pratique de la profession manuelle à laquelle on se destine? Il me semble que ce n'est pas chose si difficile; mais le préjugé, la vanité peut-être, sont encore ici pour nous barrer la route. En voyant nos maisons d'éducation, quel que soit le nom que vous leur donniez, lycée, collége, pensionnat gratuit ou non, on croirait que tout le monde y est élevé pour être rentier ou fonctionnaire : vous n'y verrez pas un enfant qui dise qu'il est destiné à devenir boulanger, cordonnier, pâtissier, maçon, et qu'il étudie en conséquence. Pourquoi ne le dit-il pas ? — C'est qu'il ne se soucie pas qu'on le sache, parce qu'alors, dédaigné de ses condisciples et peut-être de ses maîtres, il serait distancé partout. C'est ainsi que, dans le sanctuaire des sciences, tout semble calculé pour éloigner l'élève d'un état manuel ou pour ravaler cet état à ses yeux. Est-ce là un moyen de le conduire à le bien faire ?— Non ; aussi le fera-t-il mal, ou ce qui est pis, il ne le fera pas du tout. Dédaignant la profession de son père, il préférera être un mauvais commis qu'un bon menuisier ou qu'un serrurier habile ; et s'il se décide enfin à prendre le rabot ou le marteau, s'il en sent la nécessité, c'est quand il aura oublié une partie des leçons ou des préventions qu'on lui aura données à l'école.

La science est belle sans doute, elle est la mère de tous les progrès, elle se perpétue en créant des adeptes, et nous l'en remercions. Pourtant, s'il n'y avait ici-bas que des docteurs, je ne sais trop ce que deviendrait la société, car un tailleur adroit y est non moins utile qu'un professeur de grec. C'est donc à tort qu'on a mis celui qui tient l'outil si fort au-dessous de celui qui tient la plume : l'homme qui mériterait ici la première place, est celui qui manierait également bien l'un et l'autre. C'est donc un préjugé de croire qu'un collége ne doit enseigner que la science des livres. Passe encore si

celle-là seule pouvait donner du pain à tous; mais puisqu'il n'en est malheureusement pas ainsi, il faut donc
y apprendre au pauvre ce qui peut le conduire à en
trouver, c'est-à-dire à se rendre nécessaire et à gagner
ainsi honorablement sa vie.

L'abus que je viens de signaler dans l'éducation publique est moins grand en ce qui concerne les filles.
Comme elles ne peuvent être avocats, docteurs, magistrats, elles sentent qu'elles doivent, faute d'autre
ressource, songer à tirer parti de leurs doigts. Nous
avons vu que cette ressource même était insuffisante et
que, tout compte fait, trop peu de carrières leur étaient
ouvertes. C'est donc pour leur en offrir de nouvelles que
nous demandons ces écoles de métiers où l'on formerait
non-seulement de bonnes ouvrières, mais des gérantes
pour diriger les apprentis. Les grands établissements
surtout en obtiendraient des avantages notables : il
n'est pas de maître de fabrique qui ne se plaigne de la
rareté de ces ouvrières modèles; c'est la difficulté et
souvent l'impossibilité d'en trouver qui les forcent à
employer des hommes là où des femmes conviendraient
mieux.

Une autre lacune qui se fait sentir tous les jours et
dans toutes les classes, c'est le manque de sujets pour le
service intérieur des maisons, notamment des fermes et
des établissements agricoles. On comprend que je parle
ici de sujets capables; quant aux autres, il en est de
reste. La cause de cette incapacité est encore le défaut
d'instruction. Il est une foule de choses très-simples en
apparence et que toute jeune fille qui a cette vocation
devrait savoir, mais qu'elle sait mal et que bien souvent
elle ne sait pas du tout. Pourquoi? — C'est que personne

ne les lui a apprises. Comment sa maîtresse les lui apprendrait-elle, si elle ne les sait pas elle-même? En quelques mois, dans une école bien conduite, on aurait pu les lui enseigner. Nous reviendrons sur ceci.

Cette étude des soins journaliers et d'utilité générale embrasse le service de la ville comme celui de la campagne. A la fille destinée à la maison des champs, il faudra, en outre, une instruction spéciale, surtout si elle est chargée de la laiterie, de la bergerie, de la fruiterie, de la basse-cour, etc: ce service ne s'improvise pas. C'est faute de théorie ou de la connaissance des premiers principes, qu'ici la pratique laisse si souvent à désirer : on fait partout du beurre et diverses sortes de laitages, mais cela ne suffit pas, il s'agit de les faire bons ; et si l'on n'y réussit pas, cela vient moins de la qualité du lait que de l'ignorance de celle qui l'emploie.

Il en est de même de la volaille : elle serait grasse et abondante partout où il y a de l'herbe, de l'eau et du grain, si l'on se donnait la peine de l'élever et de la soigner comme elle doit l'être. Alors tout le monde y gagnerait, le maître qui la mangerait meilleure et le fermier qui la vendrait plus cher.

Si, dans nos écoles, on formait de ces servantes de ferme, bergères, vachères, laitières, etc., croyez-vous qu'elles seraient embarrassées pour se placer? Non, chacun viendrait les y chercher, et leur utilité serait si généralement reconnue, qu'on pourrait à peine en former assez pour répondre à toutes les demandes. Il y aurait donc encore ici profit pour le maître, profit pour l'élève et aussi pour l'école qui pourrait tirer une rétribution de la famille à qui elle fournirait un sujet.

Qu'en coûterait-il pour arriver à ce résultat? —

Quelques avances faites par le gouvernement ou par une société de bienfaisance. Ensuite, et c'est le point indispensable, il faudrait de la bonne volonté de la part des parents et plus encore de celle des élèves pour qui cette éducation théorique et pratique deviendrait, si elles en comprenaient l'importance et savaient en profiter, un moyen sûr de bien-être ou un véritable capital.

N'en doutons pas, la pauvreté provient, dans bien des cas, du défaut de savoir, et dans plus encore de celui de vouloir. C'est cette double vertu, *savoir* et *vouloir,* qui manque surtout à nos femmes et à nos filles, et fait négliger à celles du pauvre ces petits soins conservateurs, ces économies, ces légers gains journaliers qui, à la longue, forment de grosses sommes. Lorsque la bonne étoile d'un mari ou d'un maître lui envoie une femme pourvue de ces qualités, elle est la providence du logis.

On ouvrirait aussi une école d'horticulture et de jardinage, spécialement consacrée aux femmes. J'ignore pourquoi on ne leur enseigne pas l'art de tailler, de greffer les arbres et de multiplier les fleurs ; il me semble que ceci les regarde au moins autant que nous ; elles y sont portées par leur nature : toutes aiment les fleurs, toutes sont donc plus ou moins aptes à les cultiver. Mais cette aptitude, il faut la développer, car il n'est pas un métier, même des plus simples, qu'il ne faille apprendre : à plus forte raison un art ou une science comme l'horticulture.

La culture maraîchère est, dans plusieurs départements, réservée aux femmes ; mais cette culture serait plus fructueuse si ces jardinières étaient moins ignorantes ou moins esclaves de la routine : il suffirait d'en former annuellement un certain nombre dans l'école

4

supérieure pour donner de l'émulation aux autres.

Il est encore bien des métiers tenant à la terre, à ses produits, à son meilleur rapport, enfin à ce qu'on nomme le *faire valoir,* qui pourraient être dévolus à la femme et qui en empêcheraient beaucoup de venir dans les villes où, attirées par l'espoir d'obtenir du travail, elles ne rencontrent le plus souvent que déception.

Cette éducation, dirigée vers un but déterminé selon la position ou la vocation de chacune, pourrait aussi faciliter les mariages et devenir une garantie d'harmonie dans le ménage: on se marierait moins au hasard et sans songer au lendemain, comme le fait presque toujours le pauvre, à l'opposé du riche qui calcule ici d'autant plus qu'il a moins besoin de le faire. L'ouvrier ne pouvant prétendre à la richesse, se marie selon son caprice; il se laisse prendre au premier minois qui lui agrée, sans s'inquiéter ni du caractère ni de l'aptitude, sans savoir si celle qu'il choisit pour compagne pourra l'aider dans sa profession ni même si elle est capable d'en pratiquer aucune: un métayer épousera ainsi une brodeuse qui ne saura pas comment vient le blé, une fermière s'éprendra d'un commis qui se croira déshonoré s'il touchait une pioche. De ceci qu'arrive-t-il? — Il faut qu'un état cède à l'autre, et le résultat est qu'un des deux époux ne fait rien.

Si l'on initiait les jeunes filles à plus de métiers divers dans un établissement spécial où l'on pourrait se renseigner sur les dispositions et les progrès de chacune, non-seulement les maîtres viendraient y demander des ouvrières, mais l'ouvrier à marier irait y chercher une femme, sinon du même état que le sien, du moins d'un état qui n'y soit pas incompatible.

Mais dans notre situation actuelle, où la foule paresseuse se porte vers les fabriques dont le labeur machinal, sorte de demi-repos, n'exige que peu ou point d'étude, c'est surtout vers les travaux des champs qu'on devrait diriger l'éducation des travailleuses : ce serait, je crois, un moyen d'arrêter cette émigration vers la cité et de donner à la production rurale un essor et un développement qu'elle est loin d'avoir. Avec les bras que l'invention des machines a condamnés à l'oisiveté ou à un travail dont le salaire ne fait pas vivre le travailleur, on triplerait la production du sol : c'est donc par l'industrie agricole et par les ressources intarissables qu'elle offre qu'on rétablira l'équilibre.

Remarquez bien qu'il n'en est pas des produits des champs comme de ceux des manufactures. Il est un point où ceux-ci s'arrêtent : on n'achète du drap, du calicot qu'à mesure du besoin qu'on en a, et ce besoin ne revient pas tous les jours comme celui de manger. Dans les produits ruraux, on ne craint ni la concurrence ni la falsification; on ne redoute pas plus la surabondance : si, accidentellement, les prix s'avilissent, il y a toujours moyen de les relever. Ces faillites, si communes chez les fabricants, sont rares chez les agriculteurs : le crédit ne les abandonne guère, la terre est là qui répond : l'ouvrier des champs n'est donc pas, comme celui des villes, sans cesse sous le coup d'un chômage causé par la ruine du maître ou seulement par le dérangement d'une machine; enfin, comme l'ouvrier des villes, il ne vit pas au jour le jour.

Admettons donc ceci et ne l'oublions plus : si nous voulons que la misère cesse en France, et notamment celle de la femme, faisons en sorte que la manufacture n'envahisse pas les capitaux ni les bras indispensables à l'agriculture, car c'est parce que l'équilibre n'a pas été gardé, que la pauvreté assiége à la fois nos cités et nos campagnes. La modicité du salaire des ouvriers de fabrique vient de ce qu'il y en a trop. Le mauvais état de nos terres et le nombre de champs en friche ou ne produisant que la moitié de ce qu'ils doivent, naissent de ce que les bras manquent au travail des campagnes. Que ce qu'il y a de trop dans les villes reflue donc vers les champs, la balance sera rétablie et les choses rentreront dans la voie normale.

Des servantes de ferme, nous revenons à celles de la ville. Nous disions qu'elles laissaient beaucoup à désirer quant à leur aptitude ou à la connaissance de leurs devoirs. Il faudrait, dans nos écoles, une classe pour elles. La première catégorie serait celle des femmes de journée dites *à tout faire,* à qui il faut donner au moins une notion de ce que doit savoir une bonne ménagère. Ces servantes spécialement destinées aux petits ménages ou ceux qui n'ont qu'une seule domestique, seraient prises parmi les élèves les plus robustes qui n'auraient ni capacité supérieure ni vocation particulière.

Viendrait ensuite l'école des domestiques de luxe, des femmes de chambre de bonne maison : celles-ci devraient savoir broder, coiffer et, au besoin, réparer et même faire une robe, car en voyage ou à la campagne on n'a pas toujours une couturière à ses ordres.

Quant à la cuisine, elle exige non-seulement une étude approfondie, mais des dispositions particulières, et c'est surtout ici que le besoin de conseils, d'une étude suivie et conséquemment d'une école se fait sentir. A Paris comme en province, le choix d'une cuisinière devient toute une affaire : dans les grands comme dans les petits ménages, lorsqu'on a perdu la sienne ou que son inconduite ou son défaut de talent vous a forcé à la renvoyer, que de soins, que de brigues même pour en retrouver une autre à la hauteur de sa mission ! que d'essais et de démarches avant d'y réussir ! Enfin, la cuisinière est le souci perpétuel de la maîtresse de la maison : quelque puissante dame qu'elle soit, il faut qu'elle s'humilie devant la nécessité et se soumette aux exigences du cordon bleu. Souvent, de guerre lasse, faute de trouver cette cuisinière modèle, elle est contrainte d'en former une elle-même, non sans crainte que l'ingrate élève ne l'abandonne le jour où son éducation sera faite.

On éviterait tous ces tracas avec une école normale de cuisine, sorte de conservatoire qui, monté sur une grande échelle, fournirait des sujets non-seulement à Paris et à la France, mais à l'Europe entière qui, comme chacun sait, apprécie fort notre système culinaire. Par ce moyen, vous placeriez annuellement des milliers de jeunes filles dont l'avenir se trouverait ainsi assuré. On connaît le prix des cuisiniers : il y en a depuis deux cents écus de gage jusqu'à quatre et cinq mille francs. Les cuisinières sont bien moins payées, et c'est encore une injustice, car leur mérite n'est souvent pas inférieur à celui de leurs rivaux. Sans demander pour elles ce traitement exagéré, nous voudrions qu'il y eût un tarif de leur talent, établi par des experts. Après concours et examen, chacune serait classée. Tout marchandage serait alors superflu : la classe déterminerait le prix.

Ce prix, pensez-vous qu'on hésiterait à le payer, quand l'école répondrait à la fois de leur savoir et de leur conduite? Demandez-le à la riche châtelaine, à l'épouse d'un ministre ou.d'un préfet; demandez-le aux gérants des grands hôtels et même à nos restaurateurs, contraints de se faire cuisiniers eux-mêmes pour échapper à la tyrannie des chefs de leurs fourneaux. Ah! que ne donneraient-ils pas pour les remplacer par une femme honnête et capable, avec laquelle ils seraient du moins maîtres chez eux sans que leur table en fût moins bien servie!

On nous objectera ici l'impossibilité d'avoir, dans ces maisons d'enseignement, des repas de luxe à faire tous les jours pour exercer les écolières.

— L'observation est juste; voici ma réponse : on enseignerait dans l'école la théorie, ainsi que la connaissance des substances alimentaires, de leur qualité et de leur conservation. Puis on passerait à la cuisine simple ou bourgeoise, en commençant par celle de l'établissement. On répartirait ensuite les élèves dans les hôtels, les restaurants ou les maisons particulières qui voudront les recevoir momentanément.

Ajoutons que l'école ayant pour professeurs d'habiles chefs d'office, les personnes riches et même celles qui ne jouissent que d'une simple aisance, ne manqueraient pas, dans les occasions d'apparat, de s'adresser, pour la confection de leur menu, à ces cuisiniers maîtres: double ressource pour l'établissement, qui y trouverait à la fois un bénéfice et un moyen d'instruction pour ses pensionnaires.

L'éducation des bonnes d'enfant n'est pas moins nécessaire que celle des directrices du fourneau. Elle l'est même plus: de ces servantes trop dédaignées dépend souvent l'avenir ou les habitudes bonnes ou mauvaises de l'être faible qu'on leur confie. On ne saurait croire quelles sont, sur l'enfant, les conséquences des premières impressions : il m'a fallu vingt ans de raison pour me débarrasser entièrement des préjugés de ma nourrice. Oui, les qualités ou les défauts de votre fils ne seront souvent que ceux de sa gouvernante.

On comprend dès-lors de quelle importance il est pour les familles d'avoir des servantes dont on ait pu, de longue main, étudier les mœurs et le caractère. C'est ce qui aurait lieu dans ces écoles : en y allant chercher des domestiques, on ne les prendrait plus au hasard, et nos enfants ne seraient pas exposés à ces nombreux dangers que leur font courir l'ignorance et la sottise.

En prêchant pour les pauvres, on voit que je n'oublie pas les intérêts du riche : lui aussi a beaucoup à gagner à l'amélioration de la position physique et morale des classes malheureuses. Il s'en ressent toujours plus ou moins : leur souffrance en devient une pour lui. Leur ignorance en est une autre et souvent une source de préjudices et de ruine ; disons plus, de déconsidération et de rétroaction sociale : en tenant son entourage trop bas, il est obligé, dans ses rapports avec lui, de se baisser et de perdre ainsi de sa taille pour descendre à la sienne. Mais une fois descendu, remonte-t-il toujours? — Non ; le pli est pris, la courbure reste. C'est ainsi qu'à la longue les erreurs, les ridicules et les vices des valets déteignent sur leurs maîtres : ce sont les esclaves et les affranchis qui ont corrompu Rome. Élevons le peuple à nous pour ne pas descendre à lui, et pour cela, rendons-le plus savant et moins pauvre ; donnons-lui plus d'orgueil et moins de vanité : qu'il ne rougisse pas d'être peuple ni de vivre de ses bras, qu'il porte fièrement son titre d'artisan, car il n'est pas d'état, quelqu'infime qu'il paraisse, qui ne comporte sa portion de savoir et d'estime de soi-même.

Voilà ce qu'il faut faire comprendre aux ouvriers si pressés de quitter le métier de leurs pères, métier qui les ferait vivre s'ils le faisaient bien, mais qui les appauvrit parce qu'ils le dédaignent, et que peut-être, et c'est là notre tort, nous le dédaignons avec eux. Est-ce que l'utile est jamais à dédaigner? Est-ce que celui qui le produit n'est pas indispensable? n'est-il pas la base de l'état social? Où en serions-nous s'il n'y avait pas d'ouvriers ou s'il n'y en avait que de mauvais? L'artisan qui excelle dans son art, n'est il pas un homme précieux pour tous? Voyez donc quelle distance il y a entre lui et cet être oisif, incapable ou paresseux et qui pèse sur la société de toute son inutilité: c'est pour celui-là qu'il faut réserver nos dédains. Quant à l'autre, en le rehaussant dans votre opinion, vous le relèverez dans la sienne, et en élargissant le cercle des gens qui s'estiment, nous agrandirons aussi celui des hommes qui raisonnent. Souvenez-vous que la civilisation n'est réelle dans un État que lorsqu'elle embrasse toutes les classes: quand la majorité reste ignorante et grossière, il y a une classe civilisée dans la nation, tandis que la nation elle-même ne l'est pas; et le peuple peut être non moins arriéré que ces hordes que nous appelons sauvages.

Mais il s'agit moins ici de ces questions d'ensemble que de la solution de celles de détail. Nous revenons donc à la recherche des états propres aux femmes et qu'elles ne font pas, ou dont elles ne tirent pas tout le parti possible, parce qu'elles les font mal. Ce qui nous manque encore, dans nos villes comme dans nos campagnes, ce sont de bonnes lingères. Par lingerie, j'entends ce qui concerne l'arrangement et la conservation du linge, enfin tout ce que doivent savoir la blanchisseuse, la repasseuse, la resarcisseuse ou repriseuse. Beaucoup de femmes font ces métiers, mais comment les font-elles? et pourtant ils sont d'une grande importance dans l'économie domestique. Ce linge qui durera vingt ans s'il est confié à une bonne ouvrière, n'en durera pas six entre les mains d'une mauvaise: il y a donc un grand bénéfice à n'en avoir que de capables. Pour ceci, il faut les obliger à le devenir, et quand elles le seront, les payer en conséquence.

C'est encore à l'école supérieure industrielle à y pourvoir: on y formerait d'habiles blanchisseuses, repasseuses et, pour les grandes localités, des maîtresses lingères pourvues d'un diplôme, qui y porteraient les bonnes traditions de l'école, car cet état aussi demande théorie et pratique : il ne s'apprend pas en un jour. Donner, par le ployage et le plissage, aux bonnets, aux fichus, aux mouchoirs, aux robes, enfin à tous les objets de lingerie, une forme élégante sans être incommode et sans en altérer le tissu, est un talent aujourd'hui si peu commun, que la maladresse des ouvrières de cette catégorie devient, pour les femmes élégantes et pour les hommes même, une source de contrariétés. Quel est celui de nous qui n'a point pesté contre sa blanchisseuse, quand elle lui rapporte des chemises ou des cravates d'un blanc douteux ou dont les plis inégaux annoncent un défaut de coup-d'œil ou de soin?

La pâtisserie et la confiturerie sont également du

ressort de la femme. Cet art a ses principes et même ses secrets: il faut, pour arriver à la perfection, non-seulement du soin et de la volonté, mais l'exemple et les leçons d'un maître habile. Cette habileté était si rare, que nos crédules aïeux y voyaient une faculté spéciale et un don du ciel. Aujourd'hui, on y reconnaît un état difficile, mais qu'avec du goût et de la persévérance on arrive à bien faire. Alors il est toujours productif, parce que chez nous la pâtisserie et la sucrerie sont devenues un luxe de première nécessité; c'est la joie des enfants de toutes les classes: il y a les bonbons du pauvre comme les bonbons du riche.

Nous trouverons là encore moyen de placer bon nombre de jeunes filles, car cette confection, qui autrefois leur était toute spéciale, leur a été, comme bien d'autres, ravie par les hommes, qui seraient obligés de la leur restituer si elles parvenaient à les y surpasser.

La nomenclature complète des états naguère faits par les femmes et de ceux qu'elles pourraient faire encore, nous entraînerait trop loin; nous dirons seulement, et ceci concerne les deux sexes, qu'il est des métiers réputés pénibles, difficiles, peu lucratifs et conséquemment qu'on dédaigne, qui deviendraient tout autres s'ils étaient faits comme ils doivent l'être. Mais la tradition et l'habitude, ici comme dans bien des choses, obscurcissent l'évidence et paralysent le bon sens.

C'est encore à l'aide de maîtres expérimentés et d'une suite d'études raisonnées, qu'on donnera à ces métiers une meilleure direction. Ce soin et le nom de ceux qui ne dédaignent pas de s'en occuper, contribueraient à les relever dans l'opinion, et ce ne serait pas un petit pas de fait: ainsi que nous le disions, il en est qui se font mal et conséquemment ne font pas vivre celui qui les fait, seulement parce qu'il y travaille avec dégoût : il se croit supérieur à sa profession, et c'est cette vanité qui devient la cause de son infériorité.

Je mettrai en tête de ces états réprouvés tout ce qui concerne le raccommodage, en commençant par la chaussure. Rien n'est certainement plus utile que l'entretien de nos bottes et de nos souliers; chacun en convient, et pourtant votre cordonnier, s'il est tant soit peu en vogue, dédaignera de s'en occuper. Il ne faut pas même, si vous tenez à son estime, le lui proposer : — Je ne travaille pas en vieux, vous dira-t-il. Si, par considération pour vous et sans que cela puisse tirer à conséquence pour l'avenir, il consent cette fois à s'abaisser jusqu'au becquet, il s'en acquittera si mal, vous fera attendre si longtemps et payer si cher, que vous ne serez pas tenté de recommencer. A ceci il a un double intérêt : celui de son amour-propre et celui de sa bourse : en vous obligeant à mettre de côté vos vieilles bottes, il vous force à en faire faire de neuves.

N'ayant pas le moyen de les payer, ou ne voulant pas renoncer à une chaussure commode et bonne encore, si vous vous adressez au raccommodeur du coin, au savetier, puisqu'il faut l'appeler par son nom, cet homme utile dont on a déshonoré l'état en faisant de ce nom une injure, lui aussi, bien qu'il soit flatté d'avoir votre pratique, regrettera, en acceptant le travail offert, que vous ne lui commandiez pas une paire de souliers : tout savetier qu'il est, il a la prétention d'en faire, et il attribuera la rareté des amateurs de neuf se confiant à son talent, à la jalousie des cordonniers ses confrères. Dès-lors ce raccommodage, il le fera, comme eux, à contre cœur et probablement tout aussi mal. Or, pourquoi a-t-on ainsi ravalé l'état du cordonnier en vieux? Qu'y a-t-il de plus déshonorant de raccommoder des souliers que de restaurer une maison? L'un est-il moins indispensable que l'autre? Et quant au talent, il est telle réparation qui en exige autant et plus que la confection première. Ce préjugé contre le savetier est donc non-seulement injuste, mais il est nuisible à tout le monde: à moi d'abord qu'il entraîne dans une dépense inutile; ensuite à ce savetier lui-même qui, en travaillant machinalement, sans goût et ne faisant que de la mauvaise besogne, est payé en conséquence. Il l'est enfin au pauvre père de famille qui économiserait annuellement quelques écus sur sa chaussure, celle de sa femme et de ses enfants, si elles étaient restaurées comme elles doivent l'être.

Or, elles le seront si, relevant le savetier de son découragement, vous lui donnez les vrais principes de la coupe et de l'application d'une pièce, de la refonte d'une semelle, d'une empeigne, de la pose d'un becquet; si vous lui prouvez surtout que la restauration de la chaussure est une spécialité qui, par l'habileté des raccords, la solidité des coutures, le fini des piqués, peut marcher de pair avec toutes les autres industries dont le cuir est la base. Dès qu'il ne sera plus le paria de sa classe et que son talent sera apprécié à sa valeur, son œuvre lui deviendra chère: faite en conscience, elle sera productive. Son état ainsi réhabilité, il n'en rougira plus; il l'enseignera à son fils, à sa fille, et ici encore et dans l'intérêt de tous, un nouveau moyen d'existence sera ouvert à l'ouvrière: il y aura des ressemeleuses, des remetteuses à neuf; et ces souliers de bal qui ne servent qu'une fois à nos reines de la mode, adroitement rafraîchis, pourront convenir à d'autres et satisfaire des vanités de second ordre.

Étendant ceci à toutes les parties de l'habillement, on organiserait de vastes ateliers de raccommodage qui, toujours ouverts, deviendraient une ressource pour les ouvrières sans travail. Là, elles pourraient s'instruire encore en y recevant des leçons, car, ici non plus, il ne faut rien donner au hasard: il n'est pas de main-d'œuvre sans une théorie quelconque; l'important est que cette théorie soit bonne, et on ne l'obtiendra telle qu'en suivant les conseils de l'expérience et après une étude plus ou moins suivie.

C'est encore ce que la plupart de nos ouvrières ne veulent pas croire, et la raccommodeuse moins que les autres: un raccommodage, selon elle, est toujours assez bien fait quand le trou n'y est plus; aussi les bonnes resarcisseuses sont recherchées, et on les paie fort cher lorsqu'elles savent adroitement dissimuler la blessure d'un cachemire, l'accroc d'une dentelle ou d'un voile précieux. Dans ces ateliers soumis à un contrôle sévère, il ne s'agira pas de simuler une réparation, comme le font si souvent nos femmes de chambre, mais de réparer réellement avec intelligence, avec goût.

Or, de ceci ou de la création des ateliers de rapiècetage, est-il une ménagère, riche ou pauvre, qui n'ait senti le besoin? Quand il arrive un accident à sa toilette ou à celle de sa fille, quels ne sont pas son inquiétude, son embarras! Inquiétude trop fondée: combien de parures précieuses ont-elles été perdues, faute d'une main assez experte pour y remédier?

Au raccommodage simple, on joindrait la refonte des

habillements ou leur changement de coupe et de forme.
Quelle ressource encore pour ces demi fortunes! ressource trop souvent négligée, parce qu'elle exige une
grande adresse dans l'ouvrier et que ce talent n'est
pas estimé à son prix. Aussi les tailleurs, comme les
couturières, repoussent-ils ces transformations ou les
font-ils avec une négligence calculée qui en dégoûte les
mères de famille.

Dans nos ateliers, point de ces fins de non-recevoir:
on saura tout utiliser. La jeune mère qui dédaignera de
porter une robe rajustée, en trouvera l'emploi pour sa
jeune fille. La confection des vêtements d'enfants des
deux sexes sera donc une des spécialités de ces établissements.

S'ils sont organisés ainsi que nous l'indiquons, s'ils
remplissent leur programme, chacun en sentira l'utilité;
chaque ville de quelqu'importance voudra avoir sa maison de recoupe et de réparage, et un nouveau refuge
contre l'oisiveté et une ressource de tous les jours seront
ouverts à la travailleuse jeune ou vieille. Qu'on se garde
donc bien de déconsidérer ce genre d'industrie: pour la
charité, rien n'est à dédaigner, et dans les choses les plus
vulgaires, quand elles sont d'une nécessité commune, on
peut trouver une source de vie et de bien-être : nos
écoles industrielles contribueront à le démontrer.

Elles auront aussi l'avantage de classer les ouvrières
de chaque état, de les mieux poser : le seul titre d'élève
deviendra une garantie et une recommandation. Munies
d'un livret, d'un diplôme ou d'un brevet, elles ne seront
jamais embarrassées pour se placer : l'armée des travailleuses aura ses grades et ses honneurs.

Avec les profits, on y verra croître l'émulation, puis

l'activité, c'est-à-dire le talent de faire vite en faisant bien. La misère ne naît pas seulement de l'oisiveté, elle vient aussi de la manière de travailler. Dans une situation parfaitement identique, telle ouvrière gagnera trois francs par jour, et telle autre n'en gagnera que deux ou moins encore. Pourquoi? — C'est que l'une travaille assidûment et que l'autre se repose à chaque demi-heure; ou bien l'une est adroite et intelligente, l'autre est apathique et ignorante. C'est donc les moyens et la volonté de tirer de ses bras et de son temps tout le parti possible que nous avons aussi à enseigner aux jeunes filles.

Régénérer l'ouvrière, la relever dans l'opinion en commençant par la sienne, tel est le but que doit se proposer d'abord l'école industrielle. Si elle y parvient, elle lui aura ouvert une nouvelle voie et, par cela seul, diminué de moitié sa misère; alors l'utilité de notre fondation ne pourra plus être mise en doute.

On m'opposera la question d'argent: c'est une dépense énorme, dira-t-on. — Oui; mais si ce n'était qu'une avance, si, avec le temps, on pouvait de ce capital tirer un honnête intérêt, il en résulterait que vous auriez fait le bien gratis. Or, cet intérêt, voici comment je le comprends:

Commençons par ce qui touche à notre intérieur ou à notre vie domestique. Nous avons signalé les embarras des ménages qui ont à former ou à renouveler leur personnel: qu'on y ait besoin de dix serviteurs ou d'un seul, c'est toujours un évènement au logis, et souvent, par l'inutilité des recherches, une perte de temps et une source de frais: on commence par s'adresser à ses amis, puis à ses connaissances, enfin on en vient aux placeurs et aux annonces dans les journaux, moyens dispendieux et d'un résultat douteux. Alors quelle est la maîtresse de maison qui n'ait rêvé un établissement du genre de celui que nous proposons? Qui peut douter, quand cette ressource lui sera offerte, qu'elle ne s'empresse d'en profiter? Qu'elle ait besoin d'une femme de chambre, d'une cuisinière, d'une bonne d'enfant, à des certificats plus ou moins problématiques que lui présenteront des aspirantes inconnues, elle préférera les registres de l'école ou une suite de notes indiquant les qualités et les défauts du sujet.

Il en serait de même des maisons, comptoirs ou fabriques qui manqueraient d'une teneuse de livres, d'une factrice, d'une contre-maîtresse, d'une surveillante des métiers, enfin d'ouvrières capables.

Or, ce qu'on aurait dépensé en démarches, en affiches ou en avances, on le verserait à l'établissement où un tarif serait ouvert, et quiconque viendrait y choisir un sujet payerait le droit indiqué.

De son côté, l'ouvrière qui y aurait été élevée ou instruite, devrait, pendant un certain temps, à l'établissement, une redevance fixe ou un nombre déterminé de journées de travail. A ces conditions, elle aurait la faculté d'y revenir pour un temps donné, quand elle se trouverait sans emploi par une cause indépendante de sa volonté.

Outre les élèves admises gratuitement, il y aurait des pensionnaires envoyées par les communes, par leurs parents, par les maîtres de maisons ou par des personnes charitables qui se chargeraient de payer leur entretien, ou simplement les leçons si ces élèves étaient externes. Ceci offrirait encore un revenu qui augmenterait au

moyen de succursales qu'on établirait dans les arron-
dissements qui le demanderaient et qui pourraient
concourir à ces fondations.

Mais ces ressources ne couvrissent-elles pas les frais,
je dirais encore : le bien qu'obtiendrait le pays de
ces écoles est si manifeste, il en résulterait une telle
économie dans les ménages et tant de moyens de perfectionnement et de bons exemples dans les fabriques,
que le gouvernement qui en aurait fait la dépense
n'aurait pas à la regretter.

—Vous le croyez, me dira-t-on; nous voudrions le
croire avec vous. Avez-vous bien calculé les chances?
les résultats seront-ils ceux que vous attendez? Voyons,
examinons. Nous supposons que la majorité s'est pro-
noncée, que le gouvernement a adopté, sur la plus
vaste échelle, la fondation proposée. Nous lui adjoi-
gnons des succursales dans nos départements, nous
y ouvrons des bourses et des entrées gratuites, nous
admettons que des parents ou des bienfaiteurs y envoient
à leurs frais un certain nombre d'élèves: ce nombre,
vous en conviendrez, en le doublant, en le triplant, en y
joignant les bourses et les demi-bourses accordées par
l'État, ne peut pas même atteindre la vingtième partie
des ouvrières de France. Sans doute les élèves qui auront été formées dans l'établissement trouveront toujours
facilement à se placer; mais cela donnera-t-il du pain
aux autres? Ce sera le contraire : elles n'obtiendront de
travail que celui qu'auront refusé les premières; ainsi
discréditées et découragées, elles seront plus malheureuses que jamais. C'est une classe de privilégiées, une
sorte d'aristocratie ouvrière que vous allez créer, et aux
autres misères de la masse, vous aurez ajouté le supplice

de l'envie que fera naître la prospérité de cette faible minorité.

— Je réponds : si les ouvrières sortant des écoles supérieures avaient chacune cent bras et pouvaient suffire à toutes les commandes, à tous les travaux, à tous les emplois, l'objection aurait quelque chose de spécieux ; mais nous n'en sommes pas là : en travaillant même dix fois plus et dix fois mieux que les autres, elles ne leur ôteraient encore qu'une bien faible partie du travail courant. D'ailleurs, quelle serait la conséquence de multiplier les travailleuses aux dépens de la bonne qualité du travail? Celle de faire le plus mal et le moins vite possible, et de ruiner à la fois le produit et le producteur. On ne peut lutter contre la concurrence de l'étranger qu'en faisant mieux, ou du moins aussi bien et surtout aussi promptement que lui. La question n'est donc pas ici de faire beaucoup d'ouvrières, mais d'en faire de capables. C'est par l'exemple et l'émulation qu'on y parviendra. Par suite des bonnes traditions de l'école et de leur instruction supérieure, ces ouvrières, travaillant mieux et plus rapidement que leurs compagnes moins instruites, leur feront comprendre les bienfaits de l'instruction et le profit qu'on en obtient : ce sera déjà quelque chose. L'expérience et la nécessité sont d'habiles maîtres : dans un pays où nul ne pourrait vivre en faisant de mauvaise besogne, on n'en ferait que de bonne, car ceux qui ne pourraient la faire telle, mourraient ou iraient ailleurs.

Quand les ouvrières inhabiles, mais ambitieuses de se perfectionner, auront compris les avantages des écoles, elles désireront naturellement y arriver. Alors il y aurait chaque année un concours : les aspirantes couronnées obtiendraient une bourse, une demi-bourse ou le droit d'admission gratuite dans l'établissement.

Celles qui n'auraient pas réussi une année, pourraient se présenter de nouveau l'année suivante.

Enfin, celles qui ne concourraient pas, en voyant les efforts des autres et ayant sans cesse sous les yeux des ouvrières plus savantes qu'elles, y gagneraient toujours quelque chose, ne fût-ce qu'un bon exemple ou le désir de le donner à leur tour.

Ajoutez qu'une mère, une sœur, une parente sortant de l'école, aurait intérêt à communiquer ce qu'elle sait aux apprenties de sa famille ou à toutes celles qui lui offriraient une rétribution; et ces écolières, devenues maîtresses, seraient de véritables missionnaires qui, en travaillant pour elles-mêmes, travailleraient aussi contre la paresse et l'ignorance, ces causes premières du chancre qu'on nomme *la misère:* maladie si souvent volontaire et qui cesserait bientôt en France si, s'entendant une bonne fois, ecclésiastiques, propriétaires, industriels et gouvernants disaient: *la misère est interdite.*

Le mal serait plus certainement extirpé encore si, par une alliance qu'on pourrait véritablement appeler sainte, toutes les grandes puissances européennes s'unissaient pour combattre l'ennemi commun. Il ne s'agirait plus ici d'une concurrence purement commerciale ou financière, ni du remuement de plus ou moins d'or, enfin du simple perfectionnement de quelques produits: il s'agirait des hommes mêmes; ce sont eux qu'on tenterait d'améliorer en adoucissant leurs souffrances, en leur donnant partout le moyen de vivre par un travail qui ne leur manquerait jamais et qui, harmonié à tous les âges, à toutes les positions, à tous les besoins, à toutes les vocations, ne laisserait aucune excuse à la paresse, à l'oisiveté et au vagabondage.

Mettant de côté toutes les jalousies politiques, tous les préjugés de nation, toutes les entraves douanières, tous les monopoles de clocher, il n'y aurait plus de barrière pour la charité; et cette charité n'humilierait personne, parce qu'elle ne serait que la juste répartition des choses ou l'accord du travail à sa rémunération; parce que ce ne serait plus un morceau de pain qu'on jetterait au passant, mais le moyen de le gagner qu'on lui fournirait tous les jours et partout.

Quand il y aurait du travail pour tous les bras valides, il y aurait aussi des secours pour tous ceux qui ne le seraient pas.

Pour ces secours, il pourrait y avoir un fonds commun, auquel toutes les nations composant l'association contribueraient selon leur population et leurs moyens. Les travaux publics, les défrichements et la mise en culture de tant de landes aujourd'hui stériles, le dessé-chement des marais, l'endiguement des fleuves sources de bienfaits mais aussi de désastres, l'exploitation des mines si négligées en France, suffiraient grandement pour prévenir les chômages. L'établissement des chemins de fer permet de ne plus s'arrêter aux distances: c'est en les franchissant qu'on pourrait surtout remédier au mal, dont l'agglomération des populations est une des principales causes. Là, il y a trop de bras; ici, il n'y en a pas assez; là, on meurt de faim faute d'ouvriers; ailleurs, on en meurt aussi parce qu'il y en a trop.

C'est donc par la mauvaise distribution des tra-vailleurs, leur entassement sur un point et leur absence

sur un autre, que tant de bras chôment, et non par
l'insuffisance effective du travail. Ce travail ne doit
jamais manquer dans un gouvernement bien organisé :
c'est à ce gouvernement à y pourvoir et au citoyen à le
seconder, car c'est une chose terrible à penser qu'un
être humain meurt de faim parce qu'on lui refuse les
moyens de gagner honnêtement sa vie : le mot *refus* n'est
pas ici de trop. Il n'est point d'habitant, s'il n'est lui-
même un pauvre ou un simple manouvrier vivant au jour
le jour, qui ne puisse, de son superflu, fournir à quelques
journées de travail, au moins à quelques heures. Qu'il
dise : — Je n'ai rien à faire faire en ce moment. — Je
lui répondrai : vous l'aurez demain, après-demain. Vos
habits s'usent, votre maison se dégrade, votre jardin a
besoin d'être sarclé, vos fossés d'être curés, etc., etc.
L'artisan souffre : avancez les travaux d'une semaine,
inventez-en s'il le faut : ce sera une aumône, et la
meilleure de toutes, parce qu'elle ne dégradera pas
celui à qui vous la ferez et ne lui donnera pas des ten-
tations d'oisiveté.

Or, si tous ceux qui le peuvent, gouvernants et gou-
vernés, agissaient ainsi et y persévéraient avec une
volonté bien arrêtée, croyez-vous que l'ouvrier, que
l'ouvrière manqueraient encore de travail et que le
salaire de la femme ne se relèverait pas ? Oui, cette
Europe qu'énervent l'insouciance et la paresse, cette
Europe, devenue alors un vaste atelier, présenterait un
tout autre aspect.

Je vous le répète : il n'y a de mendiants que parce
que vous voulez qu'il y en ait. Aidez ceux qui, en raison
de leur âge ou de leurs infirmités, ne peuvent rien faire,
et donnez du travail à quiconque en demande, punissez

les vagabonds et les paresseux : vous n'aurez plus de mendiants et bientôt plus de pauvres, car la mendicité en enfante autant et plus peut-être que toutes les autres causes réunies. Un mendiant valide est un missionnaire prêchant l'oisiveté, c'est le parasite de la civilisation et le tentateur du pauvre, c'est à la fois le corrupteur et la sangsue du travailleur. Mais il faut distinguer ce mendiant de profession, fils de mendiant pour l'ordinaire et vagabond incorrigible, du travailleur accidentellement inoccupé : c'est celui-là qu'à l'instant même, et toute affaire cessante, vous devez aider, parce que son malheur est votre œuvre et non la sienne.

Quant à l'autre, ayez pour lui des dépôts de mendicité et même la prison s'il persiste. Dès qu'il sera bien convaincu qu'il n'a plus d'autre ressource que le travail, il travaillera, et d'un vagabond, d'un artisan de désordre, vous aurez fait un homme utile.

Ne soyez pas moins prompts à sauver de la mendicité les femmes et les jeunes filles, car les conséquences ici sont plus funestes encore. Celles qui ont pris ce goût de paresse et de vagabondage sont à jamais perdues : corrompues avant l'âge, elles s'étiolent et meurent ; ou si elles survivent, recrutées pour la prostitution, elles passent des bouges dans les maisons pénitentiaires, pour aller plus tard, sur le pavé des rues, finir comme elles ont commencé : par le désœuvrement et l'aumône. Il est de ces malheureuses qui parviennent à la vieillesse sans avoir jamais touché ni une aiguille, ni un outil, ni fait aucune espèce de travail, sans l'avoir même tenté. Si vous en doutez, interrogez-les. Vous ne chercherez pas longtemps : dans nos villes de garnison, des quartiers en sont peuplés ; on y cite des familles qui vivent ainsi

dc génération en génération, se perpétuant de fille en
fille, sans qu'on puisse signaler un seul mariage. Et
elles s'en vantent : arrivées à ce point d'aberration
qu'on peut nommer la naïveté du vice, elles n'ont plus
la moindre idée de la pudeur : elles ont à peine la
conscience du bien et du mal. — C'est une exception,
direz-vous. — Non; ces créatures tombées se trouvent
par centaines dans toutes les grandes cités européennes.

Si l'Europe est civilisée, convenez qu'il y a bien
quelque chose à faire pour rendre cette civilisation
parfaite, ou plutôt pour en faire une vérité. Oui, il y
a dans cette Europe des individus civilisés, des groupes
même; mais des nations qui le soient, il n'y en a pas :
cette civilisation n'a pas encore atteint les masses, ou
bien ces masses ont rétrogradé. Nous le demandions
au commencement de cet exposé, nous vous le demanderons encore : quelle différence voyez-vous entre la
populace de nos capitales, ou sans descendre si bas,
entre nos ouvriers de fabrique et les hordes les plus
arriérées des steppes américaines ou des îles perdues
de l'Océanie? Hélas! s'il y avait doute, il faudrait le
résoudre en faveur des sauvages : colonisez ces parias
de nos cités et abandonnez-les à eux-mêmes, ils n'auront
pas l'esprit de vivre où ceux-ci vivaient.

Si vous voulez savoir les causes de cette déchéance
de l'homme des villes, je vous dirai : elles sont toujours
les mêmes : *la paresse;* puis *la misère,* sa conséquence
ordinaire.

Le travail eût prévenu le mal, le travail peut encore
le guérir, et c'est la femme qui doit nous conduire à
cette guérison. Rendons lui son rang social; qu'elle soit
moins pauvre, moins ignorante; relevons-la enfin, et

l'homme se relèvera de lui-même. Quelqu'inepte et grossier qu'il soit, il reconnaîtra bientôt la différence qui existe entre une femme active et laborieuse et ce pauvre être déchu qui fut sa mère ou sa compagne, malheureuse que l'abandon, les mauvais traitements, les privations de toute nature ont réduite à cet état négatif. Il comprendra qu'ainsi déclassée, la femme est, pour la famille et pour l'époux, moins un aide qu'une charge. Par le rapprochement, il verra pourquoi elle est devenue pour lui cette cause de misère et comment elle peut cesser de l'être.

Alors, s'il est libre encore, c'est une femme travailleuse qu'il prendra. S'il a un fils, c'est encore cette femme laborieuse qu'il voudra pour ce fils.

Mais si elle vaut mieux que lui, acceptera-t-elle cette association? Elle bonne ouvrière, elle sage, elle capable, voudra-t-elle d'un époux qui n'est ni l'un ni l'autre?

Si elle le refuse, c'est alors qu'il rougira de son infériorité et qu'il travaillera à la faire disparaître.

Devenu plus habile et plus rangé, s'il obtient la main de cette femme, s'il la voit toujours active et soigneuse, contribuant à son bien-être et à celui de ses enfants, eût-il même cessé de l'aimer, il l'estimera, il l'honorera, il la respectera.

Arrivé là, il aura franchi la ligne qui le séparait de l'être intelligent et calculateur: il sera devenu un homme. Si ceci s'étend à toute la nation, elle pourra prendre rang parmi celles qui sont sur la voie du progrès et qui veulent, non plus fractionnellement, mais tout entières, sortir de la barbarie. Quelques pas de plus, et nous pourrons nous croire véritablement civilisés; et le monde pourra le croire avec nous.

Reconnaissez donc ceci comme certain : *la considéra-*
tion et le bien-être dont jouit la femme donnent partout la
mesure de la civilisation et de la moralité d'un peuple.

Remarquez bien que l'influence des femmes n'est pas
moins grande en religion qu'en politique. Malgré l'élo-
quence et les moyens de persuasion du clergé retrempé
par la persécution, malgré les efforts de Rome aidée de
la toute-puissance de Napoléon Ier, le catholicisme, en
France, ne se serait pas si vite relevé des attaques des
philosophes et de la tourmente révolutionnaire, sans la
haute protection des femmes : elles ont été le plus
ferme appui de l'église, et partout où les missionnaires
les convertiront, ils seront maîtres de la nation.

Cependant, le dégoût du labeur ne prouve pas toujours l'immoralité du peuple : il peut être apathique et
paresseux sans avoir d'autres vices, mais la paresse
conduit à l'abrutissement, puis à la stupidité; car, ne
vous y trompez point, ce n'est pas cette stupidité qui l'a
rendu paresseux, aucune famille ne naît stupide, c'est
l'apathie, c'est l'oisiveté, c'est le défaut d'application
ou d'usage de ses facultés qui, à la longue, les ont
émoussées, puis les lui ont fait perdre.

Rien de plus commun que cette rétrogradation de
l'homme, et vous en voyez tous les jours des exemples
dans nos cités comme dans nos campagnes : une foule
d'individus des deux sexes ont moins d'intelligence à
trente ans qu'ils en avaient à quinze. Ils ont vu plus de
choses, et ils en savent moins; ils raisonnent plus haut,
mais ils raisonnent moins juste. Enfin, vous ne pouvez
plus leur faire comprendre ce qu'ils saisissaient parfaitement quand ils étaient à l'école : alors ils savaient
lire et compter, aujourd'hui ils ne le savent plus, et il

serait impossible de le leur enseigner de nouveau. En croissant physiquement, ils ont décru moralement : l'intuition a baissé en eux et a tourné à l'instinct purement bestial. Hommes faits, ils sont véritablement moins hommes qu'ils ne l'étaient étant enfants : c'est un arbre qui a crû en bois et en feuilles, et qui n'a rien produit : il n'a pas même fleuri. Est-ce par suite de la nature de cet arbre ? — Non ; c'est par celle de sa position.

Chez l'homme, c'est la faute de sa volonté et de ses habitudes somnolentes ou grossières. C'est aussi la vôtre, gouvernants, vous les maîtres des hommes. La terre était bonne : cultivateurs inhabiles, vous l'avez laissée en friche : les chardons l'ont épuisée.

Et l'homme étant abruti, il a dégradé la femme, mais elle est tombée moins bas que lui. Quand la civilisation allait s'éteindre, c'est chez la femme qu'il en est resté la dernière étincelle : l'homme se vautrait dans sa paresse sans songer au lendemain ; la femme travaillait encore et mettait pour lui, en réserve, sa dernière pensée et sa dernière bouchée de pain.

Alors l'homme s'est réveillé, Dieu avait touché son cœur, et c'est par l'amour de la femme qu'il est revenu à l'amour du travail, et s'il n'avait pas cru à la femme, sa race n'existerait plus sur la terre.

Oui, un peuple oisif est un peuple en voie de mort. Eût-il toutes les richesses, son heure n'en est pas moins venue, car toutes ces richesses s'en iront comme la poussière, et ses bras amollis n'en sauront pas produire de nouvelles, ni son esprit les découvrir. Ses maîtres tomberont avec lui, car, grands et petits, nul n'échappe à l'influence torpide de l'oisiveté : la paresse tue l'âme et le corps.

Vous le voyez : sous quelque face que vous envisagiez la question, vous y trouverez toujours cet ordre de Dieu : *tu travailleras.* Si tu ne le fais pas, tu mourras ; ou si tu vis, tu tomberas plus bas que l'animal lui-même, car l'animal remplit sa tâche, il fait son nid, il nourrit ses petits ; et toi, tu ne fais ni l'un ni l'autre.

Travaillons donc. Si nous n'avons pas besoin de travailler pour vivre, travaillons encore pour empêcher nos facultés de s'éteindre et notre raison de s'obscurcir. Travaillons à préparer le travail des autres, à le faciliter, à le rendre fructueux. Travaillons pour les travailleurs. Est-il une plus belle mission pour le riche qui, alors, peut se dire : — Si l'ouvrier crée l'œuvre, moi je crée l'ouvrier.

Et l'on crie contre le riche ! Mais le riche est la providence du pauvre. Le riche qui emploie son revenu à occuper à la fois l'artiste et l'artisan ; qui, à la recherche de l'ouvrier sans patron, de l'ouvrière dont l'aiguille est oisive, a toujours quelqu'œuvre en réserve pour le jour et pour le lendemain, et un coffre ouvert pour les avances à faire, le riche agissant ainsi, qu'est-il autre chose que l'économe du pauvre ? Car ce pauvre, cet ouvrier, que deviendraient-ils s'il n'y avait que des pauvres ? Qui irait au secours de l'un et qui payerait le travail de l'autre ?

Que deviendrions-nous encore si tout le monde, également riche, voulait vivre dans l'oisiveté ? — Ici aussi chacun manquerait du nécessaire ; on aurait de l'or, on n'aurait pas de pain : l'égalité de la richesse ne diffère donc en rien de l'égalité de la misère.

Mais encore une fois, laissons là les généralités et revenons au fait. Nous avons présenté sommairement les moyens de procurer du travail aux femmes : il en existe sans doute bien d'autres, mais il est difficile de les préciser et surtout de les répandre, parce qu'ils tiennent aux localités et aux circonstances, ou bien qu'ils rentrent dans la spécialité des travaux réservés aux hommes. De ce nombre, je mettrai les terrassements : dans des moments de presse, j'ai vu employer les femmes au transport des terres. Alors l'administration leur fournissait des brouettes plus petites ou plus légères que celles qu'emploient les hommes, ou bien elles se mettaient deux pour conduire une grande brouette. Elles gagnaient ainsi des journées de soixante-quinze centimes à un franc : quelquefois plus.

Dans certaines villes, notamment à Dieppe, les femmes font le métier de porteuses de sel : c'est un monopole qui leur appartient depuis un temps immémorial. Elles forment une corporation, ont un syndic, et le sel en sac ne peut être, dans cette ville, transporté du navire aux entrepôts ou aux ateliers que par elles.

Sur les côtes du département de la Somme, il y a certaines pêches, celles des crevettes et des vers marins, qui sont exclusivement réservées aux jeunes filles et aux veuves.

Dans le même département, les femmes et les enfants ont seuls le droit *d'aller à cailloux,* c'est-à-dire d'aller dans les champs ramasser les pierres qui doivent servir à réparer les routes.

Dans les cantons d'où l'on extrait de la tourbe, on leur accorde le privilége de charger et décharger les bateaux qui la transportent.

A La Ciotat, en Provence, les femmes seules étaient autorisées à vendre l'eau qu'elles allaient chercher à une fontaine à quelque distance de la ville. Aucun homme ne pouvait être porteur d'eau.

Dans d'autres ports, on a attribué aux femmes le transport des malles, valises, sacs de nuit et effets à l'usage des voyageurs sortant des paquebots.

Ces ressources sont momentanées : accordées par l'arrêté d'un maire, elles peuvent être retirées par un autre. Ne les comptons donc pas, et bornons-nous aux états que nous avons indiqués : on a vu que la liste en est longue.

— Elle ne l'est que trop, pourra-t-on me répondre; car ces restitutions faites, que restera-t-il aux hommes?

— Je l'ai déjà dit : il leur restera la terre qu'ils laissent en friche ou qui, faute de bras et de soins, ne produit pas la moitié de ce qu'elle devrait produire. Il leur restera les mines, les usines, les constructions de toute nature. Il leur restera la mer et ses trésors : la pêche, la navigation et le commerce. Il leur restera enfin ces milliers de fonctions dans l'armée et l'administration, rouage dont on ne peut pas plus se passer que de vis et d'engrenage dans une mécanique.

A chacun sa part : ôtons la quenouille de la main de celui qui peut manier la cognée et tracer un sillon. Aux femmes, l'industrie manufacturière et tout ce qui tient aux soins du logis. A elles aussi, dans les travaux des champs et des jardins, ce qui n'exige que de la patience et de l'adresse. La démarcation est ici nettement tracée; elle est indiquée par la nature même, et ce n'est que par une suite d'abus, une sorte d'aberration née de la mollesse, puis de l'habitude, que l'on a pu s'en écarter. Il ne s'agit que de revenir au vrai, et le vrai : c'est l'équité.

Comme cette justice doit s'étendre sur tous, vous comprendrez qu'en aidant aux uns, il ne faut pas tuer les autres : je ne vous demande donc pas que des hommes qui ont passé leur jeunesse à apprendre un état et leur vie à le faire, soient mis de côté du jour au lendemain et remplacés par des femmes. Non ; c'est à mesure des extinctions et lorsqu'on aura dirigé l'éducation et l'apprentissage des jeunes gens vers des travaux plus en rapport avec leur sexe, lorsqu'enfin on aura ramené l'organisation du travail à son principe social, que les femmes pourront rentrer dans la plénitude de leurs droits et recouvrer toutes les positions qu'on leur a si injustement et surtout si impolitiquement enlevées. La grande misère du peuple date de cette époque. C'est facile à comprendre : en paralysant les bras de la femme, il aurait fallu que l'homme doublât la puissance des siens, car si celle-ci ne travaille pas, il faut bien qu'il travaille pour elle. En lui prenant sa tâche, il restait à lui donner les moyens de faire ce qu'il ne faisait plus. Ces moyens, les lui a-t-il donnés ? Pouvait-il la rendre apte à devenir charpentier, maçon, couvreur, laboureur ? C'est donc à l'oisiveté qu'il la condamnait, en se condamnant lui-même à combler le déficit que ce chômage forcé laissait dans le budget commun. Le travail que vous procurez à la femme devient donc tout profit pour l'homme ou pour le chef de la famille.

Il l'est aussi pour l'administration ou la masse des citoyens. Dans vos villes comme dans vos campagnes, qu'est-ce qui nourrit la femme pauvre qui n'a ni père ni mari et qui vit sans rien faire ? — L'aumône. — Cette aumône, qui en fournit les fonds ? — Le budget de la

cité, c'est-à-dire le contribuable. — Directement ou indi-
rectement, c'est donc toujours vous qui payez l'oisiveté
de la femme ; et c'est encore le moindre mal, car si
vous ne la payez pas, c'est le vol, c'est le vice ou la
débauche qui la payeront. Oui! le sort de la négresse,
chez le planteur, est moins malheureux que celui de la
fille du prolétaire : la première n'est esclave que d'un
maître ; l'autre l'est de la faim et du premier venu.

Du travail donc! du travail pour tous, à toute heure
et partout! Ne dites pas que c'est chose impossible. Je
vous ai prouvé le contraire : le travail ne peut manquer
qu'accidentellement et localement ; il ne peut faire défaut où il y a encore des propriétaires et des terres à
défricher. Cette négligence du capitaliste serait un véritable délit contre la société. Quoi! il y aura des bras
inoccupés, et cet homme ne les occupera pas! Il laissera
des malheureux mourir de faim, lorsque, par quelques
coups de pioche, il pourrait faire sortir la vie de cette
terre qu'il délaisse! La loi aurait dû prévoir ce cas.

L'insuffisance du travail n'est donc qu'apparente : s'il
n'y en a pas ici, il s'en trouve un peu plus loin : la
facilité des déplacements, au moyen des voies ferrées,
permet de le poursuivre et de l'atteindre. Que les départements où l'ouvrier chôme, aident à ces transports :
ce qu'ils y dépenseront sera moindre que ce qu'ils auraient payé en secours à domicile.

C'est à l'administration encore à faire connaître, par
la publicité, le point où le travailleur peut se rendre
avec la certitude d'être occupé. C'est à elle enfin de l'y
décider et, au besoin, de l'y contraindre en le menaçant
du dépôt de mendicité, lorsque sans motif légitime, ne
voulant pas se déplacer, il refuse ce travail qu'on lui offre.

La généralisation du travail ou le moyen d'en procurer à tous et en tout temps, ne consiste donc de fait que dans la bonne répartition des travailleurs.

Si le gouvernement ne s'en occupait pas, une grande association européenne pourrait le faire. Une compagnie se chargerait de transporter à ses frais des ouvriers et ouvrières sur tous les points de l'Europe où l'on en demanderait. Une légère retenue opérée sur les salaires augmentés en conséquence, couvrirait les avances. Les travailleurs ainsi expédiés seraient, après un temps déterminé, ramenés chez eux aux frais de l'association.

Si l'on ne veut pas de ceci faire une spéculation, qu'on en fasse un acte de charité: ce sera la meilleure. En prévenant ces jours de chômage et d'oisiveté, si cruels ou si dangereux pour la moralité, en offrant une prime à l'activité et au courage et non à la nonchalance et à la paresse, on guérira plus d'une plaie et l'on aura bien mérité de tous.

Si l'association ne peut embrasser l'Europe, qu'elle se borne à la France. Si, à son début, elle ne peut s'étendre sur cette France entière, qu'elle se renferme dans un département. L'exemple sera donné: il fructifiera, car les résultats en seront si manifestes que les aveugles seuls ne les verront pas.

Que l'exploitation et l'amélioration des champs, je ne saurais trop le redire, soient la première voie de salut. La vraie source du bien-être et de la prospérité des peuples et la garantie de leur durée, c'est la terre, c'est son exploitation: or, lorsque dans un pays une partie notable de cette terre n'est pas exploitée ou qu'elle l'est de manière à ne pas rapporter tout ce qu'elle doit rendre, à n'en donner que la moitié, le tiers ou le quart, c'est que ce pays manque de bras ou que ces bras sont mal employés.

On le voit, ce ne sont pas les moyens qui nous manquent pour améliorer la position de la classe ouvrière et rendre à la femme, avec la faculté du travail, la somme de bien-être dont elle doit jouir. La difficulté n'est pas même de faire adopter ces moyens : combien n'en a-t-on pas déjà proposés et approuvés? Cette difficulté sera tout entière dans l'exécution; pour y arriver, il faut vaincre cette apathie, cette inexplicable insouciance qui, lorsque nous désirons le bien, lorsque nous le reconnaissons nécessaire, nous le font toujours remettre au lendemain. Il y a bien des années que j'entends déplorer cette dégradation de la femme, et je n'ai vu personne qui, après l'avoir plainte, ait employé une ouvrière de plus ni augmenté de cinq centimes le salaire de celles dont il plaidait si chaleureusement la cause.

L'administration n'a pas fait davantage; et pourtant qui peut avoir plus intérêt à prendre en considération la situation de l'épouse qu'un gouvernement guerrier qui voit, d'année en année, s'étioler la classe où il recrute son armée? Ignore-t-il que la dégénération des enfants vient de celle des parents et spécialement de la débilité des mères?

Mais contre toute amélioration deux grandes puissances sont debout, nous criant que pour revenir au bien, il n'y a que difficultés et qu'obstacles. Or, ces puissances qui ont paralysé tant de généreux efforts, sont : *l'habitude* et *le préjugé*.

La dépense et le manque d'argent sont ce qu'on nous opposera d'abord : — C'est la ruine des villes et des communes que vous demandez, s'écriera l'un, qui oublie

6

qu'il ne s'agit que d'une avance et d'un placement. Mais je lui répéterai : — Le travail enrichit ; c'est l'oisiveté qui ruine, c'est la misère qui ronge et détruit. Que vous demande-t-on ? De fournir à ce travail et d'en recueillir les fruits : de semer pour récolter.

— Où en sera la liberté ? dira l'autre. Quoi ! je ne serai pas le maître d'employer dans mon établissement les gens qui me conviennent ! je serai tenu de prendre des femmes, quand j'aime mieux y avoir des hommes ! Mais c'est une atteinte au droit commun que vous proposez !

— Je réponds : Nous ne vous imposons rien, nous n'en appelons qu'à votre humanité ; disons mieux, à votre intérêt. Vous croyez gagner à employer des hommes ; mais si vous gagnez autant en occupant des femmes, si, dispensé de leur faire l'aumône, vous gagnez davantage, de quoi aurez-vous à vous plaindre ?

Un troisième voudra temporiser : — Dans vos propositions, il y en a de bonnes, assurera-t-il ; pourquoi n'en trouverait-on pas de meilleures ? Ne précipitons rien. La position de la femme est anormale, mais celle de l'homme l'est-elle moins ? Si l'ouvrière est à plaindre, si elle est insuffisamment rétribuée, l'ouvrier ne peut-il pas dire : Le suis-je mieux ? Quand il s'agit d'améliorer le sort de la famille, n'est-ce point par moi, chef de la communauté, que l'on doit commencer ?

— Je dirai à l'ouvrier : Tu es malheureux, je le sais ; mais c'est ta faute. Tu étais paysan, tu vivais de la terre, et tu as voulu être citadin ; tu as cru qu'il était moins dur de dévider du coton, de tisser de la laine, que de défricher un champ ou de battre des gerbes : eh bien ! cela est vrai. Tu désirais un métier plus doux, tu l'as. Il ne te fait pas vivre ? Tu aurais dû le prévoir.

Mais tu songeais moins à vivre qu'à t'épargner de la peine. Aujourd'hui, il est trop tard pour apprendre un autre état : garde donc ce que tu as, et reconnais qu'en venant au secours de la femme, c'est toi aussi que nous aidons.

Le quatrième opposant sera la femme elle-même : elle trouvera très-juste qu'on accroisse son salaire; puis, si vous lui parlez d'augmenter son travail, non en durée, mais en soins, elle ne voudra se soumettre à aucun effort, à aucun changement de procédé. — J'ai fait toujours ainsi, dira-t-elle, je veux le faire encore. — En d'autres termes, je veux être bien payée, mais j'entends continuer à mal travailler.

—Que sera-ce donc, ajoute mon interlocuteur, de celles qui n'ont jamais rien fait? Partout le pauvre se plaint de n'avoir pas d'ouvrage, et quand on lui en offre, il le trouve trop difficile et finit par le refuser.

— Oui, malheureusement! oui, des obstacles viendront des intéressées, et ce ne seront pas les moindres. Ces obstacles, il faut les vaincre : quand l'oisiveté et la paresse auront été signalées et flétries comme elles doivent l'être, vous verrez de jour en jour diminuer le nombre des paresseuses.

Un cinquième parle de plus haut, et je le cite à regret, car nous comptions sur son appui : c'est un des notables de la commune. —Notre municipalité, dira-t-il, est surchargée de soins et d'écritures : nous avons déjà assez de peine à conduire les hommes et à les faire vivre, sans nous occuper des femmes. Leur position n'est pas brillante, j'en conviens, mais qu'y faire? Il ne suffit pas de leur donner du travail, il faudra les contraindre à l'accepter et tenir la main à ce qu'elles le fassent. Partout nous allons rencontrer des récalcitrantes : en luttant sans succès, nous compromettrons notre caractère d'administrateur. C'est dans un labyrinthe inextricable que nous allons nous engager, sans espoir d'en trouver l'issue : *à l'impossible nul n'est tenu.* Souffrons donc ce que nous ne pouvons empêcher, et gardons-nous, de crainte d'avoir pis, de poursuivre un mieux problématique.

Cette réponse est de celles dont on n'avoue pas les motifs. Pourquoi ? — C'est qu'ils ne sont pas avouables. Ces motifs, les voici : *l'insouciance* et *l'égoïsme,* ces deux grands ennemis de toute amélioration. Je crains bien qu'encore ici ils n'entravent nos efforts : ne pouvant nier le mal, on nie la valeur des remèdes, ou comme le Turc on dit : *c'était écrit.*

Voyez où ce système a conduit ce Turc. C'est là aussi qu'il nous conduira, si nous restons impassibles devant cette triste vérité : *la souffrance de la femme est la mort de l'homme.* — Il naît par elle, il vit par elle, il meurt par elle. Enfant, il a besoin d'une nourrice ; homme, il lui faut une compagne ; vieillard, il ne peut se passer d'un soutien. Où la femme dépérit, la société dépérit ; où la femme meurt, la société meurt.

Résumons notre exposé. Nous disions : il est, en France, un fait que personne n'ignore ni ne nie : c'est que la femme des classes ouvrières, principalement dans les villes, est insuffisamment nourrie, mal vêtue, mal logée et, par suite, qu'elle s'étiole de bonne heure, et qu'après avoir donné naissance à une génération faible et maladive, elle s'éteint dans une vieillesse précoce : les registres de l'état civil sont là pour le prouver.

La cause de cet état de choses est la misère ; et cette misère est le plus souvent produite par l'oisiveté de la femme, oisiveté qui naît de l'impossibilité où elle est de se procurer du travail, ou lorsqu'elle en obtient, de l'insuffisance de sa rémunération.

D'où vient ce manque de travail pour les femmes?

De l'emploi des machines, mais plus encore de l'usurpation des hommes qui, refluant des campagnes sur les villes, au grand dommage de l'agriculture, s'y sont successivement emparés d'une partie des métiers que l'usage et la convenance attribuaient aux personnes du sexe.

D'où vient l'insuffisance du salaire?

Du préjugé que la femme étant moins habile que l'homme, doit être moins rétribuée.

Quels sont les moyens de remédier à cette situation?

Ces moyens sont divers: nous les avons indiqués; rappelons les principaux.

Rendre à la femme les métiers auxquels elle est propre et qui, exigeant plus de patience que de force, rentrent dans ses goûts et ses facultés.

Mettre le salaire en rapport avec le travail et sa qualité, ou rémunérer ce travail non d'après celui qui l'a fait, mais d'après la manière dont il est fait; en un mot, le payer ce qu'il vaut.

Fonder des écoles d'études supérieures industrielles, pour former des institutrices de métiers ou des ouvrières capables de stimuler les autres par leurs conseils et leur exemple.

Étendre, à l'aide de cette éducation théorique et pratique, le nombre des états que la femme pourrait faire concurremment avec les hommes.

Déterminer, par une loi ou un règlement administratif, le minimum du nombre de femmes qui devront être employées dans chaque grand établissement industriel.

Encourager l'éducation primaire des femmes, c'est-à-dire la lecture, l'écriture et le calcul, en leur réservant un plus grand nombre d'emplois dans les administrations publiques, les chemins de fer, les bureaux de banque, les comptoirs et les fonctions mises au concours.

Réduire le nombre d'hommes employés au service des particuliers, des hôtels, des cafés, des restaurants, et les faire successivement remplacer par des femmes.

Faire comprendre aux artisans qu'il est de leur intérêt et de l'avenir de leur famille d'épouser des filles ayant un état compatible avec celui qu'ils exercent eux-mêmes.

Détruire, chez les femmes, ce préjugé dangereux, que le mariage est pour elles une dispense de travail.

S'occuper du logement des artisans et surtout des artisanes ; en assurer la salubrité par de fréquentes inspections ; accorder des primes de propreté. En agir de même pour les ateliers et les fabriques. Lorsqu'on en élève de nouvelles, veiller à ce que toutes les conditions d'hygiène soient remplies. Instituer des médecins inspecteurs des manufactures et des logements d'ouvriers.

Avoir, dans les grands centres d'industrie, des maisons de refuge ou des auberges tenues par des personnes d'une moralité reconnue, spécialement destinées aux ouvrières isolées ou de passage. Décider les chefs de fabrique ou les maires des villes à faire construire des cités ouvrières.

Engager les ouvrières qui n'ont pas de famille à vivre entr'elles par groupes, en se logeant ensemble et en faisant un ordinaire commun. Il en résultera pour elles une existence plus douce, plus saine, plus économique.

A mesure que leur salaire deviendra en rapport avec

leurs besoins et qu'elles pourront subir une légère retenue, amener ces ouvrières à fonder entr'elles une caisse de secours mutuels. Elles comprendront alors le bénéfice de l'association et les dangers de l'isolement.

Établir, pour elles, une sorte de règlement somptuaire, en leur donnant, dans tous les établissements de quelqu'importance, un costume où l'économie serait jointe à la commodité: c'est, après la misère et l'oisiveté, l'amour de la toilette qui perd le plus de jeunes filles. Ajoutons que depuis l'établissement des machines, le vêtement actuel des femmes est une cause fréquente d'accidents.

Tenir à ce que le travail ne puisse jamais manquer à quiconque en demande; car c'est un crime, dans un État civilisé, de laisser mourir de faim l'individu qui veut travailler.

Créer, dans les sociétés de bienfaisance, des inspecteurs et inspectrices du travail, allant à domicile en offrir aux femmes qui n'en ont pas, et admonester et annoter celles qui le refusent.

Dans les villes qui en auront les moyens, avoir un local et des travaux en réserve pour les ouvriers manquant d'ouvrage.

Le chômage n'étant que l'effet d'un défaut d'entente, parce que le manque de travail ne peut exister que localement, établir des communications entre les villes manufacturières pour l'emploi des bras inoccupés.

Passer des marchés avec les chemins de fer pour que les transports d'ouvriers et d'ouvrières puissent se faire avec économie.

Étendre ces communications d'État à État, en formant une association européenne dont le but serait de procurer, sans distinction de nation, du travail à quiconque en demanderait.

Avoir, dans chaque grand centre de population, un journal avec affiches ou tout autre moyen de publicité, pour faire connaître au loin les demandes des ouvriers manquant d'ouvrage et celles des maîtres qui ont besoin d'ouvriers, en indiquant les conditions demandées et offertes.

Signaler annuellement et d'une manière officielle, à la reconnaissance publique, les noms et les efforts des personnes qui auront le plus contribué à améliorer la position des ouvriers, notamment des femmes, en leur donnant du travail et en augmentant leur salaire.

Accorder des primes et des médailles aux meilleures ouvrières, c'est-à-dire celles qui se seront spécialement fait remarquer par leur conduite, leur intelligence et la perfection de leur travail.

Avoir un jury composé d'ouvriers et d'ouvrières dont on prendrait l'avis et, au besoin, les votes, pour la distribution de ces primes.

Si l'insuffisance du travail est souvent la conséquence de sa mauvaise répartition, elle ne l'est pas moins de l'apathie qui nous empêche de mettre en œuvre la matière que nous avons sous la main ou le champ que nous laissons en friche. Ce n'est donc pas assez de remédier à cette mauvaise répartition : il faut augmenter progressivement l'impôt sur les terrains abandonnés susceptibles de culture, et amener ainsi les propriétaires à mettre en valeur ou à céder à d'autres ce qu'ils laissent perdre au détriment de la société entière.

Réunir annuellement, dans une des capitales européennes, un congrès composé des délégués des prin-

cipaux propriétaires, agriculteurs, négociants et manufacturiers des diverses puissances, délégués dont la
mission serait d'aviser aux meilleurs moyens d'assurer,
pour l'année, du travail à tous, et de déterminer, selon
le temps et les lieux, le salaire ou la rémunération de
ce travail.

En ce qui concerne les mesures d'ensemble et d'avenir,
nous dirons :

Prévenir l'agglomération des masses dans les villes
au détriment des campagnes.

Pour arriver à ce résultat, encourager les travaux
des champs : l'agriculture, comme l'horticulture, est le
premier moyen de fournir en tout temps du travail à
qui en manque, parce qu'à la campagne il y a des labeurs
appropriés à toutes les situations, à toutes les capacités,
à tous les âges (1).

Ne pas perdre de vue que les travaux rustiques,
travaux faits à l'air et au soleil, ont sur ceux des ateliers
le très-grand avantage de contribuer à développer les
forces et maintenir la santé.

(1) Il est des travaux que les habitants des campagnes, notamment les femmes, pourraient faire dans leurs moments perdus :
sans compter l'aiguille et la couture, elles ont le cartonnage, le
pliage, le brochage des livres, leur reliure, leur enluminure ; les
ouvrages de sparterie, d'osier, de jonc, de paille, notamment les
chapeaux; certaines chaussures; les tricots de toute espèce; mille
petits objets de fantaisie, de bimbeloterie, etc., etc. Nos mécani-
ciens s'occupent de machines pour fabriquer en grand, et ils ont
raison, mais ils devraient aussi en inventer pour ce qui ne peut
être fait qu'en petit : mécaniques à bon marché et tenant peu de
place, qui aideraient aux travaux des femmes et des enfants, et
de ces travaux feraient une sorte de jeu, les occupant fructueuse-
ment pendant les longues soirées d'hiver et les jours de chômage.

7

CONCLUSION.

A ces conseils bien insuffisants, on pourrait en ajouter beaucoup d'autres, car il s'agit ici d'une question complexe ou d'un mal dont l'origine est ancienne et dont les ravages sont profonds. Ce n'est point en un jour et par un remède unique qu'on peut le guérir : c'est par une suite de moyens aussi nombreux, aussi divers que le sont ses phases et ses anomalies. Cette misère ou cet étiolement physique et moral, suite de l'oppression de la femme, n'est pas une plaie passagère et locale, la plaie est générale et partout invétérée : dans la France, dans l'Europe entière, on ne peut citer une seule ville, un seul bourg, un seul village où quelque femme ne souffre par une des causes que nous venons d'indiquer. Il est des localités, notamment celles qu'on nomme ouvrières, où cette classe souffrante forme la très-grande majorité de la population et où, pour une femme heureuse, on en trouve dix qui manquent de chauffage, de vêtement, de pain.

A ceci n'y a-t-il rien à faire, et le mal est-il incurable? — Nous avons prouvé qu'il ne l'était pas; mais pour le guérir, il ne suffit plus de la volonté et du dévoûment d'un seul, il faut le concours du grand nombre, il faut celui de tous, il faut enfin que le malade s'y prête comme le médecin. Le mal est européen : que l'Europe se lève contre lui et, comme à l'approche du naufrage, qu'elle dise : courons aux plus faibles.

Sauvons donc la femme, la femme qui souffre. Que celle qui est plus favorisée, que la femme riche nous vienne en aide : c'est à sa ferme volonté de relever son

sexe et de lui consacrer ses soins et son superflu, moins
en aumône qu'en travail, que nous devrons notre ré-
surrection sociale. Qu'une *société protectrice de l'ouvrière*
se forme parmi les femmes assez riches pour pourvoir
au travail de quelques-unes! que chacune se charge de
patronner un groupe! qu'elles s'engagent à donner aux
femmes toutes les fonctions, toutes les fournitures,
tous les travaux qui rentrent dans ceux dont on les
a si injustement dépouillées! En agissant ainsi, en
réhabilitant la femme dégradée par la misère, la femme
aura sauvé la femme, et avec elle la société.

La plaie ainsi guérie et cicatrisée, cette foule étiolée,
née de la faim héréditaire et qui peuple aujourd'hui
nos cités, fera place à une génération belle et forte
qui, une fois de plus, démontrera cette vérité que
*c'est la vertu, le bien-être et la santé des mères qui font
la force et la grandeur des fils.*

Abbeville, 27 Novembre 1859.

J. BOUCHER DE PERTHES.

A l'appui de ses propositions et comme complément de son
discours, M. Boucher de Perthes vient, par une donation faite à
la ville d'Abbeville ce même jour 27 novembre 1859, de fonder
une rente annuelle et perpétuelle de cinq cents francs, au profit
de l'ouvrière domiciliée à Abbeville qui l'aura méritée par sa
conduite et son travail.

Cette prime, susceptible d'accroissement, sera remise à l'ouvrière désignée par le Conseil municipal auquel seront adjoints
deux membres de la Société d'Émulation, en un livret sur la
caisse d'épargne, avec une médaille et un diplôme.

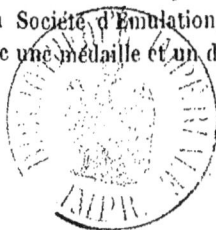

Abbeville, typ. P. Briez.

www.ingramcontent.com/pod-product-compliance
Lightning Source LLC
Chambersburg PA
CBHW052056270326
41931CB00012B/2776